이니시
INITIATE

이니시 INITIATE

초판 1쇄 발행 | 2022년 3월 15일

지은이 | 주형철
펴낸이 | 박상두
편집 | 이현숙
디자인 | 진혜리
제작 | 박홍준
마케팅 | 박현지

펴낸곳 | 두앤북
주소 | 13587 경기도 성남시 분당구 불정로376번길 7, 401
등록 | 제2018-000033호
전화 | 031-480-3660
팩스 | 02-6488-9898
이메일 | whatiwant100@naver.com

값 | 17,000원
ISBN | 979-11-90255-14-1 03320

INITIATE
이니시

리 더 는 오 직 행 동 뿐 !

두앤
북

기분 좋은 상상

오늘의 리더에게 필요한 행동을 총망라한 책입니다. 이 책에서 다루는 과업, 권력, 협력자, 구성원, 그리고 리더 자신을 '이니시(initiate)'하는 21가지 리더행동을 제대로 수행하면 누구나 뛰어난 리더가 될 수 있습니다.

이 책은 제가 기업의 CEO와 정부조직의 책임자로 발탁되어 성과를 내는 과정에서 스스로 깨우친 교훈, 주변의 리더들을 관찰하고 멘토링하며 발견한 성공과 실패의 요인, 리더십에 관한 다양한 이론과 저술을 연구한 결과물입니다. 리더의 판단과 행동에 무슨 이유가 있었고 결과는 어떠했는지, 배울 점은 무엇이고 경계해야 할 부분은 무엇인지, 그리하여 현재 상황에서 어떤 리더행동을 어떻게 해야 하는지 직접 겪은 사례들을 중심으로 알기 쉽게 서술했습니다.

이 책을 통해 리더들은 자신이 해야 할 일과 하지 말아야 할 일, 리더십을 갖추고 향상시키는 데 필수적인 행동을 새로이 깨닫게 될 것입니다. 각 장의 리더행동별 점검 질문과 각 부의 리더십캔버스를 통해 스스로 평가하고 계획할 수 있도록 구성했습니다. 지금의 자신에게 어떤 리더행동이 부족한지, 각각의 리더행동에서 핵심적으로 개선할 사항이 무엇인지 정확히 파악하고 실행에 옮길 수 있을 것입니다.

책을 쓰면서 아쉬운 부분이 있었습니다. 리더십의 영역 전체를 아우르다 보니 행동 하나하나를 깊이 파고들지 못했다는 것입니다. 세부적으로 다루려면 하나의 행동에 한 권의 책이 필요할지 모릅니다. 그럼에도 리더십과 관련한 이슈나 고민이 생겼을 때 적합한 리더행동을 찾아 읽으면 해법의 핵심을 발견할 수 있을 것입니다.

리더가 되고 성장하고 리더십을 완성하는 데 이 책이 큰 도움이 되었다는 이야기를 듣는 기분 좋은 상상을 해봅니다. 책을 쓰는 동안 한결같이 격려해준 사랑하는 아내 보경에게 깊은 고마움을 전합니다.

마포에서
주형철

2부 조직을 움직이는 힘

'권력'을 활용하는 리더의 행동

3부 외로운 리더는 리더가 아니다

'협력자'를 만드는 리더의 행동

4부 함께할 것인가, 뛰어내릴 것인가

'구성원'을 움직이는 리더의 행동

5부 두려움을 넘어 리더십을 발휘하라

'리더'다운 리더의 행동

파악하고, 확장하고, 실행하라

"저는 모든 것을 제대로 실행했습니다. 어려운 여건에도 불구하고 주어진 과업을 달성하기 위해 구성원들과 함께 땀 흘려 최선을 다했습니다. 목표는 달성하지 못했지만 리더십을 제대로 발휘했다고 생각합니다. 리더십을 갖춘 리더로서 저의 역량을 다시 입증할 수 있는 기회가 필요합니다. 도와주십시오. 성과를 보여드리겠습니다."

실제로 그는 풍부한 아이디어와 역량을 갖추고 있었다. 회사에서 인정을 받아 팔로워(외래어표기법상 폴로어가 맞지만 통상적인 쓰임에 따름)에서 리더가 된 그는 부단히 노력했다. 그러나 성과를 내지 못했고, 결국 경질되었다. 새로운 기회는 주어지지 않았다.

리더십을 갖춘 리더에게는 새로운 기회를 주는 것이 맞다. 제대로 된 권한부여자라면 당연히 기회를 부여해야 한다. 과거는 이미 지나간 일이고, 중요한 것은 미래다. 운이 없어 성과를 달성하지 못했지만 다음에는 달성할 가능성이 매우 높다. 그런데도 기회가 주어지지 않았다면 그의 리더십 어딘가에 문제가 있을 수 있다.

"당신에겐 2개의 길이 있습니다. 하나는 당신을 알아주는 사람을 찾는 겁니다. 새로운 기회를 알아보는 거지요. 다른 하나는 실패한 원인을 찾는 겁니다. 스스로를 돌이켜보는 거지요. 당신 말처럼 운이 없어서인지, 아니면 리더십에 문제가 있어서인지 판단하고 보완하는 것입니다."

실패의 원인은 대부분 리더십에 있다. 새로운 기회가 주어지지 않는 것 또한 리더십에 문제가 있기 때문이다. 성과는 그다음 문제다. 리더십을 보유하고 있다면 언제든 성과를 낼 가능성이 높다. 리더십이 있음에도 불리한 환경으로 성과를 내지 못한 리더에게는 언젠가 다시 기회가 찾아온다.

리더 중에 리더십이 부족한 리더가 많다. 팔로워 때의 경험에 의존하여 세상을 바라보고 행동하기 때문이다. 팔로워의 눈을 버리지 못한 것이다.

팔로워는 리더를 바라보지만, 리더는 성과를 중심으로 달성에 필요한 모든 것을 보는 존재다. 리더가 된 후에도 이 차이를 모르고 행동하다 보니 해야 할 리더행동을 놓치는 사람들이 많다. 지식과 역량은 충분하지만 리더로서의 경험이 일천한 전문가들도 마찬가지다.

리더인 그가 실패한 원인은 분명했다. 구성원들에 대한 리더행동에만 집중하고 다른 리더행동을 간과했기 때문이었다.

성공하는 리더는 '확장'한다

많은 리더들이 리더십을 협소하게 인식한다. 리더십을 리더 자신과 구성원들의 관계로 한정 짓고, 여기에 대부분의 노력과 시간을 쏟는다. 그래서 실패한다.

성공하는 리더들은 구성원들에 대한 행동에서 나아가 과업을 제대로 정의하고, 필요한 권력을 확보하고 충분히 활용한다. 협력자의 결정적 도움을 얻어 과업을 성공시킨다. 나아가 리더 자신을 파악하고 부족한 부분을 보완하여 과업을 성공시킨다. 그에 반해 실패하는 리더들은 리더의 관점이 아닌 실무적 차원에 머물러 리더십을 제대로 발휘하지 못한다. 구성원, 과업, 권력, 협력자, 자기 자신이라는 리더십 요소들을 다룰 줄 모르거나 앞의 리더처럼 구성원들에게만 치중한다.

리더의 성패는 리더십의 5가지 요소가 결정한다. 모든 리더십이 여기서 나온다. 목표와 환경, 상황과 필요에 따라 이 5가지 요소를 적절히 다룰 줄 알아야 한다.

세계는 점점 더 다원화되고 복잡해지는 방향으로 진화하고 있다. 리더십을 확장(extend)해야 하는 이유다. 리더가 구성원들을 넘어서 과업, 권력, 협력자, 그리고 리더 자신으로 리더십을 확장하지 않으면 실패를 경험하는 것은 필연이다.

리더십을 완성하는 21가지 행동

"제가 소홀히 한 리더행동을 점검해보니 지극히 평범한 것들이더군요. 몰랐던 것들이 아니라 잘 알고 있는 행동들이었습니다. 다만 실행하지 않은 거지요."

그가 자신을 돌이켜보고 나서 한 말처럼 행동하는 리더십이 리더를 성공으로 이끈다. 아는 리더십과 행동하는 리더십은 엄연히 다르다. 리더십은 확장되어야 할뿐더러 행동이 따라야 한다.

리더십은 행동이다. 리더의 성공은 흔히 말하듯 리더의 특정한 성격이나 재능, 스타일에서 나오는 것이 아니라 부단한 행동의 결과다. 리더행동에 집중하여 끊임없이 실행력을 보완해가야 한다.

리더는 무슨 행동을 어떻게 해야 하는가? 조직의 목적을 이루는 5가지 리더십의 요소에 영향을 주는 행동들을 체계적으로 정리해서 주도적으로 해나가면 된다.

이 책은 리더십의 요소를 실현하는 21가지 행동을 다룬다. 혁신가 리더행동에서부터 역량보완 리더행동에 이르기까지 각각의 행동이 무엇이고 왜 필요한지를 설명하고 실현하는 방법을 제시한다. 민간이나 공공 영역에서 책임자로 일해본 사람이라면 쉽게 알 수 있는 것들이다. 설사 경험이 없더라도 이해하고 실천하기에 어려움이 없을 것이다.

리더십이 어렵게 다가오는 이유는 리더가 해야 할 일이 너무 많기 때문이다. 리더십을 혼란스럽고 복잡한 것으로 이해한다. 하지만 리더 행동을 체계적으로 접근하면 그 혼란에서 벗어날 수 있다. 혼란은 일이 많아서가 아니라 체계 없이 진행하기 때문이다. 여기서 제시한 21가지 리더행동을 기반으로 자신의 상황과 일의 필요에 따라 중요하고 시급한 행동을 선택하여 실행에 옮기면 원하는 성과를 낼 수 있다.

실행은 사람들이 생각하는 것만큼 어렵지 않다. 실행을 어렵게 생각하거나 못하는 가장 큰 이유는 자기 주도적이지 못하기 때문이다. 리더 주위에는 항상 빠른 결정과 행동을 요구하는 사람들이 줄을 서서 기다린다. 대립되는 이슈와 요구도 많다. 그러다 보니 중심을 잡기 힘들고 해야 할 행동을 미루게 된다. 흔들리지 말고 주도적으로 행할 수 있어야 한다. 그게 리더이고, 사람들은 그런 리더를 원하고 따른다.

뛰어난 리더가 되고 싶은가?

"뛰어난 리더가 되는 방법이 있는가?"

누군가 이런 질문을 한다면 나는 간단히 대답할 것이다.

"네, 있습니다. 리더가 해야 할 행동이 무엇인지 알고, 제대로 실행하면 뛰어난 리더가 될 수 있습니다."

리더의 성패는 '리더가 해야 할 일을 제대로 했는가'에 달려 있다. 리더십을 명확히 정의하고 리더의 일에 필요한 행동에 나설 때 성공의 길은 무한히 펼쳐질 수 있다.

INITIATE
INITIATE

1부

수행하지 말고 다루라

- '과업'을 성취하는 리더의 행동

과업

과업은 같아도 보는 눈은 다르다.

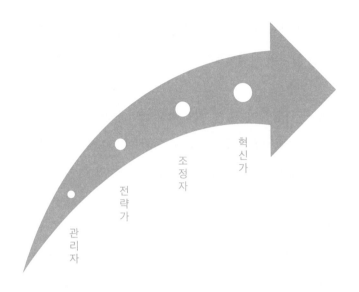

관리자 전략가 조정자 혁신가

"저는 과업을 수행하고 있습니다. 제가 과업을 위한 행동을 하고 있지 않다니 이해되지 않습니다."

"당신은 과업을 수행할 뿐 과업을 다루고 있지 않습니다."

대기업에 다니는 팀장과 나눈 대화의 일부다.

팔로워처럼 과업을 수행하는 리더가 많다. 과업을 주어지는 일로 보고 완벽하게 수행하려고 무진 애를 쓴다. 리더의 위치에 있지만 팔로워 시절의 관성에 젖어 과제들을 실행하기에 바쁘다. 신임 리더들에게서 흔히 볼 수 있다. 기존의 리더들 가운데서도 팔로워의 모습을 보이는 경우가 종종 있다.

리더는 더 이상 팔로워가 아니다. 팔로워는 과업을 수행하고, 리더는 과업을 다룬다. 과업을 부분이 아닌 전체적으로 파악하고, 과업의 특성에 적합한 리더행동을 실행한다. 과업에 매몰되어 있는 리더는 리더가 아니다. 리더로 분류되어 있지만 과업에 대해서는 실무자일 뿐이다. 실무자가 아닌 리더의 시각으로 과업을 바라볼 줄 알아야 한다.

　세상에는 무수한 과업들이 쉴 새 없이 돌아간다. 곳곳에 많은 조직이 있고 조직의 수보다 훨씬 많은 과업들이 동시에 진행된다. 모습은 다양하다. 명확한 목표에 쉽게 수행할 수 있는 과제로 잘 짜인 과업들이 있는가 하면, 모호한 목표와 복잡한 실행과제로 구성원들을 패닉 상태에 빠뜨리는 과업들이 있다. 첨예한 이해와 가치가 모순의 창과 방패처럼 대립하여 한 치 앞을 내다보기 힘든 과업들이 늘어나는 가운데 불가능과 혁신 사이에서 리더를 끝없는 수렁에 빠뜨리는 과업도 부지기수다. 이런 문제들을 복합적으로 장착한 과업들도 많다.

　리더는 과업들 속에서 핵심 문제를 발견하여 가장 적절한 처방을 내리는 사람이다. 구성원들에게 수행의 목표를 제시하고 필요한 행동에 자신과 조직을 집중시켜 문제를 해결하고 원하는 성과를 올린다. 그 과정에서 불확실성에 적응하고 생존하는 한편, 누구도 생각하지 못한 혁신을 이루기도 한다.

　리더들 앞에 놓인 과업은 무엇이고, 어떤 행동을 해야 하는지 알아보자.

01
혁신을 이루다

자세히 들여다보면
대부분의 갑작스러운 성공은
오랜 시간이 걸렸습니다.
- 스티브 잡스, 애플 창업자 -

핸드폰을 컴퓨터처럼

"새로운 혁신을 이루고 싶습니다."

1997년 여름, 최 박사와 만났다. 나와 함께 무선인터넷 전략을 수립했던 사람이다. 그는 자신의 꿈을 이야기했고 컴퓨터엔지니어였던 나는 서서히 그의 꿈에 빠져들기 시작했다.

"핸드폰에서 제대로 작동되는 OS를 만들면 IT업계, 나아가 거의 모든 영역에서 큰 진보를 이루는 데 기여할 수 있습니다."

OS(Operating System, 운영체제)는 모든 하드웨어와 소프트웨어를 관리하는 핵심 소프트웨어다. 중앙처리장치(Central Processing Unit, CPU), 메모리(memory), 주변장치 등을 포함한 모든 하드웨어와 컴퓨터에서 작동되는 프로그램의 실행을 제어한다. 한마디로 컴퓨터시스템의 핵심이다. 이것을 만들어 핸드폰을 컴퓨터처럼 사용하게 하자는 말에 가슴이 뛰었다.

최 박사처럼 많은 리더들이 혁신을 추구한다. 리더십의 목표를 고려하면 당연한 일이다. 혁신은 리더십의 목표와 일치한다. 리더십은 조직의 목적을 달성하는 리더의 행동이고, 조직의 생존과 성장을 목표로 삼는다. 목표 달성을 위해 변화는 필연적이며, 부분적이든 근본적이든 혁신을 수반한다. 리더에게 혁신은 현실인 동시에 당위다.

혁신은 위험하지만 매력적이다. 성공해낸다면 전에 없던 새롭고도 놀라운 성과를 거둘 수 있다. 뛰어난 리더들이 하나같이 혁신을 추구하는 이유다.

그렇다면 혁신의 기회는 어떻게 포착할 수 있을까? 포착한 기회를 또 어떻게 혁신의 열매로 만들 수 있을까?

"중대형 컴퓨터는 IBM과 유닉스가, PC는 MS윈도우가 시장을 장악하고 있지만, 핸드폰에서의 OS는 이제 시작입니다. 아직 강자가 없습니다. 곧 경쟁이 본격화될 것입니다."

최 박사가 말했다.

1997년 당시만 해도 스마트폰이 보급되기 전이었다. 중대형 컴퓨터를 중심으로 한 OS는 IBM과 유닉스가 경쟁하고 있었고, PC용 OS는 마이크로소프트가 지배하고 있었다. 그 누구도 이들에게 도전장을 내밀기 어려운 상황이었다.

하지만 새로운 기기가 출현하고 있었다. 핸드폰이 사람들의 각광을 받을 가능성이 아주 높아 보였다. 핸드폰이 차세대 PC(Post PC)가 될 것이라는 이야기가 정설처럼 나돌았고, 마이크로소프트가 핸드폰을 위한 윈도우CE 개발에 박차를 가하는가 하면, 몇몇 기업들도 핸드폰용 OS 개발에 뛰어들었다.

"핸드폰에서 마이크로소프트가 되는 것이 저의 꿈입니다."

최 박사 역시 스마트폰 시대를 예측했고, 그 핵심이 될 OS를 만들겠다고 나섰다. 혁신의 기회를 포착하고 실행하겠다는 그의 생각은 담대하고 훌륭한 것이었다. 당시의 환경에서는 거의 실행하기 어려운 과업이었지만 해낸다면 엄청난 혁신을 이룰 수 있었다.

혁신의 첫 번째 단계는 혁신 기회의 포착이다. 그것은 최 박사처럼 시대와 시장의 변화를 읽는 데서 시작한다.

혁신의 개발: 기회를 결과로

최 박사는 담대한 결심 이후 핵심 문제에 직면했다. 핸드폰에서 제대로 작동되는 OS를 만들 수 있느냐는 것이었다. 고도의 기술력을 필요로 하는 OS를 만들어본 경험을 가진 엔지니어가 국내에는 거의 없었다.

최 박사는 '팜팜테크'라는 회사를 설립했다. 뛰어난 엔지니어들이 모여들었다. 윈도우 응용프로그램을 만드는 것에 만족하지 못한 뛰어난 엔지니어들이 기술적 난제 해결에 매력을 느끼고 도전하려고 속속 참여했다. 주주와 기획고문으로 참여한 나는 사업전략과 자금유치에 관해 조언하는 역할을 맡았다. 모든 것이 순조로웠다. 인재들도 모이고 자금도 기대 이상으로 확보되었다. 막 불기 시작한 벤처 붐, 인터넷 붐으로 창업투자회사들이 적극적으로 투자했다.

하지만 개발 과정은 쉽지 않았다. 풀기 어려운 난제들이 계속해서 나타났다. 그래도 도전은 멈춤이 없었다. 그로부터 3년 후인 2000년 11월, 팜팜테크가 스마트폰용 OS를 개발했다는 신문기사가 쏟아져 나왔다. 동영상, MP3 플레이어, 화상통신, 터치스크린이 가능한 똑똑한 스마트폰을 지원하는 OS의 개발 성공 소식이었다. 리눅스 OS를 기반으로 불가능해 보였던 핸드폰용 OS를 개발해낸 것이다. 본격적인 상용화를 위해서는 좀 더 개선해야 할 부분이 남아 있었지만, 시간이 해결할 수 있는 문제였다. 팜팜테크의 혁신적 기술개발은 미국의 실리콘밸리가 아닌 한국에서, 자원이 풍족한 대기업이 아닌 스타트업이 이룬 기적과도 같은 성공이었다.

혁신 기회의 포착에 이은 혁신의 두 번째 단계는 혁신의 개발이다. 혁신을 실천하여 일정한 결과물을 만들어내는 것이다. 최 박사는 척박한 환경에서 성공률이 높지 않은 연구개발에 투자하여 자신이 꿈꾸었던 혁신적 기술을 성취했다.

혁신의 확산: 넘어야 할 2개의 벽

콘텐츠 업종을 중심으로 전자책(e-Book)과 PDA 붐이 불고 있었다. 팜팜테크는 이들 기기에 개발한 OS를 접목시켰다. 개발용 툴킷(Tool Kit)도 만들었다. 또한 핸드폰 기업들과의 협력을 추진했다.

기술력에 대한 시장의 반응은 아주 좋았다. 그러나 확산에 한계가 있었다. 협력을 추진했던 핸드폰 기업들이 작은 벤처기업에서 만든 OS를 자사 제품에 탑재하는 결정을 미루거나 거부했고, 마이크로소프트도 만들고 있다는 소식이 퍼져 있는 상태였다. 가장 큰 타격은 큰 희망을 걸었던 블랙베리와의 계약이 성사되지 않은 것이었다. 오랜 기간 공들인 계약이 2002년 막판에 깨져버렸다.

블랙베리는 1999년 출시된 핸드폰이다. 이메일 송수신과 웹 검색, 메신저를 통한 문자메시지 교환 등의 강점을 자랑하며 미국에서 급속히 보급되었다. 음성통화 기능을 넘어 다양한 데이터통신서비스를 제공한 블랙베리는 스마트폰의 원조라고도 할 수 있다. 2013년 전 세계 사용자가 8,500만 명에 육박할 정도로 엄청난 인기를 끌었다. 만약 팜팜테크가 블랙베리와 수백만 대 공급계약 체결에 성공한다면 막대한 로열티 수익 확보는 물론이고 계약을 주저하고 있던 다른 핸드폰 제조업체들과의 협력도 급물살을 탈 수 있었다. 그랬기에 아쉬움은 더 클 수밖에 없었다.

당시에 핸드폰 제조업체들은 팜팜테크의 소프트웨어 기술력을 높이 평가하고, 사용하고 싶어 했다. 하지만 본격적인 스마트폰 시대가

도래하기에는 아직 많은 시간이 걸릴 것이라고 판단했다. 대규모의 기기당 로열티 계약 체결을 주저하던 그들은 팜팜테크에 소규모 개발용역만 요구했다.

혁신에서 가장 어려운 과정이 바로 혁신의 확산이다. 기회의 포착이나 개발보다 확산이 훨씬 어렵다. 이토록 어려운 이유는 뭘까?

사용자들을 만족시키기가 쉽지 않다. 새로운 변화가 주는 가치에 공감하는 사용자가 많아도 실제로 확산되기까지는 많은 시간이 걸린다. 만족의 확산은 시간의 강을 건너야 한다. 변화에 호의적인 초기 사용자를 넘어 일반 대중으로 확산시키는 과정에서 실패하는 이들이 상당히 많다.

기존 세력의 견제를 넘어서기도 만만치 않다. 새로운 상품이나 서비스가 확산되면 피해를 보는 업체들이 생기게 마련이다. 그들이 가만있을 리 없다. 경쟁은 고사하고 소개할 기회마저 원천봉쇄한다. 이에 따라 상당 기간 시장 진입조차 못하는 경우도 꽤 있다.

위기에서의 선택지

확산의 단계에서 위기에 봉착한 팜팜테크가 취할 수 있는 선택지는 3가지였다.

계속 추진

기기당 로열티를 고수하며 계속 핸드폰회사의 문을 두드리는 것이다. 하지만 실행 가능성이 매우 낮은 비현실적인 방안이었다. 매출을 올리기가 어려워 가까운 미래에 심각한 자금문제를 야기할 수 있다. 더구나 인터넷 붐이 사그라들며 창업투자시장이 급속히 냉각되는 상황에서 추가적인 자금 확보는 거의 불가능했다.

시간 벌기

기기당 로열티계약을 체결하기 힘든 현실을 인정하고 핸드폰업체의 요구대로 개발용역을 해가며 기회를 엿보는 것이다. 당분간 애초의 계획을 포기하는 것이지만, 용역을 통해 작지만 매출을 확보할 수 있다. 생존하면서 기술을 고도화하고 환경의 변화를 기다리는 방법이다. 하지만 처음과 달라진 방향에 공감하지 못하는 개발자들의 동요와 이탈이 일어날 수 있다.

경로 수정

자사의 OS를 탑재하는 새로운 하드웨어를 제작하여 판매하는 것이다. 기기당 로열티 방식으로 OS를 핸드폰에 탑재할 수 있는 기회 역시 모색한다. 잘되면 매출 증가는 물론 OS기술을 계속 업그레이드시킬 수 있다. 그렇지만 하드웨어를 만들고 판매하는 것은 또 다른 도전이다. 역량이 분산된다. 게다가 하드웨어 개발과 판매에 문제가 생길 경우 현재보다 더 빨리 자금이 고갈될 수 있다.

실패한 선택

최 박사와 나는 방향을 놓고 치열한 토론을 벌였다.

"첫 번째 방안은 사실상 아무것도 하지 않는 안입니다. 당분간 실현될 가능성이 극히 낮습니다. 두번째 안은 슬로 데스(slow death)에 이르는 길입니다. 따라서 하드웨어 개발과 OS 탑재를 추진하는 한편 시장의 문을 계속 두드리면서 승부를 봐야 합니다. 하드웨어가 또 다른 도전이고 리스크가 있다는 것을 잘 알지만 개발 리스크가 적은 하드웨어를 선택해서 꼭 성공시키겠습니다. 또한 이 과정은 기술을 보다 고도화하는 방법이기도 합니다. 우리의 성공 사례를 보고 핸드폰 기업들도 적극 적용에 나설 겁니다."

최 박사는 세번째 안을 선택하고 새로운 도전에 나섰다. 그리고 몇 년 후 팜팜테크는 하드웨어사업의 부진, 자금 부족과 인력 이탈로 폐업하고 말았다.

혁신은 성공하기보다 지속하지 못해 포기하거나 포기할 수밖에 없는 상황에 봉착하는 경우가 많다. 팜팜테크의 안드로이드 개발 역시 이 벽을 넘지 못했다. 개발에 성공하고 확산에 나섰으나 지속하지 못하고 망해버렸다.

"목표에 다가갈수록 고난은 더욱 커진다. 처음에는 깨닫지 못했던 여러 문제가 선명하게 보이는 때, 이때가 바로 목표가 현실로 다가오는 시기다. 성취라는 것은 우리 곁으로 가까이 올수록 더 큰 고난을 숨기고 있다."

독일 문학가 괴테의 말이다. 혁신의 확산은 성공을 눈앞에 둔 혁신의 마지막 고난일 수 있다.

팜팜테크는 안드로이드가 될 수 있었을까?

2007년, 구글이 구글 안드로이드를 발표했다. 구글 안드로이드는 리눅스를 기반으로 한 핸드폰용 운영체계로 팜팜테크와 똑같은 방식이다.

구글은 대단한 성공을 거두었다. 스마트폰 사용이 일반화되면서 핸드폰용 OS는 구글의 안드로이드와 애플의 iOS가 차지하게 되었다. 그 중에서도 구글 안드로이드는 전 세계 모바일시장에서 80% 안팎의 점유율을 기록 중이다. 이를 기반으로 한 구글플레이 역시 압도적 시장점유율로 엄청난 수익을 벌어들이고 있다.

사실 구글 안드로이드는 구글이 만든 것이 아니다. 구글은 안드로이드라는 OS를 만든 벤처기업 안드로이드사를 2005년에 인수했다. 이후 안드로이드에 구글 이름을 붙여 시장에 내놓아 대박을 터뜨린 것이다. 안드로이드사는 팜팜테크가 기술개발에 성공한 2000년의 3년 후인 2003년에 창업한 회사다.

최 박사는 어떤 선택을 해야 했을까? 당신이 팜팜테크의 대표였다면 어떤 결정을 내렸을까?

첫 번째 안을 선택했다면 원래 목표대로 추진하며 자금을 확보하려는 노력을 계속했을 것이고, 투자시장이 어려운 환경이었지만 추가 자금을 확보할 수 있었을지 모른다. 핸드폰 기업과의 계약이 성사될 수 있었을지도 모른다.

두 번째 안을 택했다면 용역개발을 하는 한편 계속 기술을 발전시켰을 것이다. 그랬다면 스마트폰 시대가 본격화되었을 때 소프트웨어의 가치가 올라갔을 것이고 원하는 방식으로 새로운 계약을 맺을 수도 있었을 것이다.

세 번째 안은 실패가 예정되었던 선택일까? 만일 최 박사가 상대적으로 용이한 POS(Point Of Sales)기기 개발에 성공했더라면 매출을 일으켜 기회를 더 엿볼 수 있지 않았을까?

결과가 어땠을지는 아무도 알 수 없다.

살아남는 혁신이 성공한다

리더는 항상 불가능성과 혁신 사이에서 생존과 도전을 놓고 고민한다.
그렇게 선택한 혁신이 실패로 끝나는 이유는 어디에 있을까?

혁신이 실패하는 단 하나의 원인

시도가 너무 빨랐다? 누군가의 혁신적 시도가 실패하
고 나서 다른 사람이 유사한 시도를 통해 크게 성공하면, 사람들은 앞
사람의 시도는 훌륭했지만 너무 빨라서 실패했다는 지적을 하곤 한다.
중간에 변화를 시도한 것이 문제다? 혁신적 시도가 실패하면 최 박사
처럼 처음의 계획을 지속하지 않고 변화를 시도한 것이 실패 원인이라

고 말하기도 한다. 위험을 무릅쓰고라도 계획대로 계속 도전했어야 하는데 현실과 타협하여 힘을 분산시키는 바람에 실패했다는 것이다.

도대체 무엇이 문제였을까? 시기가 빨랐다는 말은 잘못이다. 선점은 혁신의 성공에서 무척 중요한 요소다. 경로를 수정한 것이 문제라는 지적도 맞는 말이 아니다. 현실을 고려한 변화는 너무나도 당연하다. 세상에 계획대로 되는 것은 거의 없다. 현실에 맞게 끊임없이 변화해야 한다.

혁신이 실패하는 원인은 하나다. 결과를 보기도 전에 시도를 중단해야 하는 환경에 직면하기 때문이다. 모든 혁신은 오래 걸린다. 끈기가 있어야 성공할 수 있다. 끈질기게 혁신을 추구할 수 있어야 한다. 이를 위해서는 어떻게든 살아 있어야 한다.

팜팜테크가 망하지 않고 계속해서 안드로이드 개발을 추진했다면 어떤 일이 벌어졌을까? 구글 안드로이드와 경쟁을 벌이고 있지 않을까? 구글 안드로이드가 아니라 팜팜테크의 타이눅스(팜팜테크의 OS브랜드)가 전 세계를 휩쓸고 있지 않을까?

"핵심은 끈기입니다"

실행 가능성이 낮아도 도전하라고 말하는 리더들이 있다. 맞는 말이다. 기다리는 겁쟁이는 새로운 일을 하지 못한다. 성공 가능성만 보고 혁신을 추진한다면 아마도 이 세상에 혁신은 없었을지 모른다. 혁신은 늘 불가능해 보이기 때문이다.

혁신에 성공하려면 불가능성을 넘어 지속할 수 있어야 한다. 계속해서 재도전할 에너지를 가지고 있어야 하고, 환경에 굴하지 않고 시도를 포기하지 말아야 한다.

2021년 정부혁신위원장으로 있을 때의 일이다. 공동 위원장인 행정안전부장관이 물었다.

"민간 전문가들이 모여서 계획한 혁신 과제들이 뛰어납니다. 꼭 성공시켰으면 좋겠습니다. 가능하겠지요?"

나는 이렇게 말했다.

"열심히 할 것입니다. 하지만 쉽진 않을 것입니다. 제시한 7개 과제 중에서 2년 내에 하나라도 해낸다면 큰 성공으로 볼 수 있습니다. 쉽게 이룰 수 있다면 애초에 혁신 과제로 선정되지도 않았겠지요.

다양한 노력이 필요합니다. 하지만 핵심은 끈기입니다. 계속해야 성공할 수 있습니다."

리더는 변화를 읽어 혁신의 기회를 포착하고, 새로이 만들고, 확산에 성공해야 한다. 이를 위해 제일 중요한 것은 혁신을 끈기 있게 지속하는 것이다.

혁신가 최 박사의 위안

회사가 망한 후에도 최 박사는 도전을 계속했다. 하지만 끝내 기회가 오지 않았다. 후발주자인 스타트업 안드로이드사와 구글이 그 기회를 차지했다. 혁신의 선도자(first mover)가 추격자(follower)에게 당한 격이다. 이후 만난 자리에서 그가 말했다.

"계속 도전했어야 하는데 포기할 수밖에 없었습니다. 그래도 위안거리는 있습니다. 제가 개발한 기술과 키운 인력들이 다른 현장에서 OS 를 발전시키고 있으니까요."

"그뿐 아니라 스마트폰 제조와 앱 개발에도 기여했습니다. 비록 열매를 수확하진 못했지만, 다양한 영역에서 혁신이 이어진 것입니다. 많은 혁신적 도전이 실패하지만 무의미한 것이 아닙니다. 더 나은 미래의 밀알이 되는 거지요."

혁신의 과업은 성공하지 못한다 해도 실패로 규정할 수는 없다. 비록 자신은 성공하지 못했지만 혁신가 리더행동을 통해 쌓은 많은 자산이 누군가에게는 성공의 마중물로 이어지기 때문이다.

혁신가 리더행동 점검 질문

❶ 환경의 변화를 제대로 파악하고 남들보다 앞서 혁신의 기회를 포착하고 있는가?

❷ 혁신을 위한 서비스, 제품, 제도 등을 개발하고 있는가?

❸ 개발한 혁신의 확산을 위해 실행하고 있는가?

❹ 혁신 기회의 포착, 혁신의 개발과 확산에 필요한 지식과 실행 방법을 알고 있는가?

❺ 지속적으로 혁신을 시도할 수 있는 생존 여건을 갖출 수 있는가?

❻ 혁신의 시도가 실패로 이어질 리스크가 무엇인지 알고 리스크에 대한 대비책을 가지고 있는가?

❼ 당신의 혁신가 리더행동을 구성원, 권한부여자, 동료가 지지하는가?

02
갈등을 조정하다

새로운 질서를 만들어내는 것만큼
어렵고 힘든 일은 없다.
현재의 제도와 시스템으로
혜택을 보고 있는 모든 사람들로부터
엄청난 저항을 받을 수밖에 없기 때문이다.
그러나 한편 개혁을 도와줄 사람들은
새로운 질서가 가져다줄 혜택에 대한
모호한 그림밖에는 없다.
강력한 적과 미온적 동지,
이것이 혁신 성공이 어려운 근본적인 이유다.
- 마키아벨리, 이탈리아 철학자 -

약배달앱의 얄궂은 운명

"병원에서 진료를 마치고 약 처방을 받으면 약국으로 가서 약을 사야 합니다. 환자 입장에서는 무척 불편합니다. 더구나 코로나19가 확산되면서 많은 환자들이 모여 있는 약국에 가는 것은 불안하기까지 합니다."

약배달앱은 이 같은 불편을 없애는 서비스다. 병원에서 처방한 내용을 제약회사나 약국에 보내면 이들이 약을 조제해서 환자의 집으로 배달한다. 해외에서는 이미 이런 서비스를 제공하는 기업들이 있다.

국내에서도 서비스가 시작되었다. 하지만 곧 중단되었다가 코로나19 팬데믹 상황을 고려하여 재개되는 과정을 겪었다. 2021년 말 다음과 같은 뉴스가 나오기 시작했다.

"정부가 코로나19 유행 대응 차원에서 작년부터 한시적으로 허용했던 의약품 택배배송이 단계적 일상회복, 즉 위드코로나가 시작되는 다음 달 중단될 가능성이 정부에서 논의되고 있다."

왜 중단, 재개, 재중단이 논의되는 걸까? 약사협회의 강한 반발 때문이다. 약사협회의 주장은 다음과 같았다.

"약 판매와 유통은 약 조제와 함께 전문적인 영역이다. 자칫 비전문가가 수행하면 국민 건강에 부정적 영향을 미칠 수 있다. 특히 투약에 대한 안내가 중요하다. 이는 약을 조제하는 약사가 약국에서 해야 한다. 이래야 약의 남용 문제를 막을 수 있고 또 올바른 약의 복용이 이루어질 수 있다. 더구나 법률상으로 약사가 아닌 회사가 약을 제공하는 것은 불법이다."

서비스의 재개와 재중단은 환자의 편리성과 약의 전문적 관리를 통한 환자의 안전이라는 명분과 이해의 충돌 때문이다. 무엇이 옳은 걸까? 어떻게 해결하는 것이 바람직할까? 이 충돌을 조정해야 하는 정부는, 당사자인 약사협회와 약배달서비스회사는 이를 어떻게 풀어야 할까?

이해와 가치의 격돌을 예고하는 것들

약배달앱을 둘러싼 갈등은 단편적인 예에 불과하다. 이해와 가치의 첨예한 갈등이 뒤엉켜 한 치 앞을 내다보기 힘든 과업은 많은 영역에서 쉽게 찾아볼 수 있다. 또한 보다 많은 변화가 급속도로 전개될 미래에는 훨씬 더 늘어날 것이다.

디지털 전쟁

지난 30년간 기술문명의 중심에는 디지털이 있었다. 디지털을 통한 파괴적 혁신의 시대였다고 해도 과언이 아니다. 파괴적 혁신은 발전과 동시에 기존의 것들을 파괴한다. 그로 인해 생존을 위협받는 사람들은 극력 반발할 수밖에 없다. 2019년 차량공유경제서비스인 타다가 불러온 택시기사들의 엄청난 반발만 해도 그렇다. 심지어 기사 몇 분이 분신자살을 하는 비극적인 상황이 벌어지기도 했다.

나는 지난 30년간 통신, 소프트웨어, 인터넷사업 등을 직접 추진하면서 첨예한 갈등들을 숱하게 경험했다. 창업을 육성하고 4차산업혁명의 기술 활용을 지원하면서 갈등과 충돌의 조정이 얼마나 어려운 일인지 목도했다.

미래는 어떨까? 디지털기술이 전방위적인 변화를 일으키며 더 많은 '전쟁'을 낳을 것이다. 대표적으로 인공지능기술의 진보와 다양한 영역에의 적용은 본격적인 일자리전쟁을 야기할 것이다. 메타버스(Metaverse), 디지털화폐, 로봇이 인공지능과 결합하여 전면적으로 확산되면서 일자리뿐만 아니라 윤리적 논쟁이 불붙을 것이다. 여기에 아직은 먼 미래처럼 보이는 양자컴퓨터의 개발이 가세하면 막강한 컴퓨팅 파워가 모든 변화를 가속시킬 것이 뻔하다. 현재의 충돌을 뛰어넘는 엄청난 충돌이 이미 진행 중인 것이다.

생명공학 논쟁

바이오, 의료, 나노 기술을 포함한 생명공학의 발전 역시 예상하기 어려운 갈등과 충돌을 예고한다. 현재의 원격의료 논쟁은 작은 갈등

정도로 덮어버리고 더 격렬한 싸움이 전개될 것이다. 영리의료와 공공의료의 대립, 유전자가위기술의 적용이 생명의 근원적 가치를 둘러싸고 종교와 사회, 기업에 심각한 논란과 충돌을 불러올 것이다.

환경문제의 대립

1971년 설치된 설악동과 권금성의 케이블카에 이어 1982년 오색동과 대청봉 구간에 케이블카를 설치하려는 양양군의 계획과 관련한 논쟁이 40년째 이어지고 있다. 케이블카를 설치하여 지역의 관광산업을 육성하고 일자리를 늘리자는 일부 주민들과 케이블카를 설치하면 자연과 생태계가 파괴되어 희귀 동식물이 멸종될 것이라는 환경보호론자들의 주장이 팽팽히 맞섰다.

지역경제와 환경보호 가운데 무엇이 우선 목표가 되어야 할까? 어려운 결정이다. 둘 다 인간의 삶에 필요한 가치들이기에 어느 주장이 옳고 그르다고 판단할 수 없다.

양양군은 2020년 환경영향평가에 따른 백지화 결정에 맞서 행정심판을 청구함으로써 사업추진 가능성을 열어놓았고, 이에 맞선 환경단체들이 행정소송을 제기했으나 각하되었다. 하지만 아직도 시원한 결론이 내려지지 않았다.

험난한 탄소중립의 진로

경제와 환경 사이의 갈등은 탄소중립 추진 과정에서도 극명하게 드러날 것이다.

탄소중립은 지구온난화를 막기 위해 그 주범인 탄소의 배출을 줄이고 배출한 탄소만큼 다시 흡수하여 실질 배출량을 제로로 만드는 것이다. 개발론자들이 경제를 살려 일자리를 만들겠다는 깃발을 들고, 환경론자들이 이에 반대하는 것이 과거의 충돌 양상이었다면, 탄소중립 추진은 정반대의 모습을 띨 것이다.

2020년 10월, 정부는 탄소중립목표를 공식 선언했다. 2050년까지 탄소배출 제로를 달성하겠다는 것이다. 이어 설치된 탄소중립위원회는 2018년의 온실가스(주로 이산화탄소) 총배출량(약 7억 톤) 대비 40%를 2030년까지 감축하고, 2050년에는 제로로 만들겠다는 계획이다. 이를 위해서는 에너지, 발전, 철강, 석유화학, 시멘트, 건설, 자동차, 농업, 축산, 수산, 폐기물 등 모든 산업 영역에서 탄소배출을 크게 줄여야 할 뿐만 아니라 탄소흡수를 위해 산림, 바다, 도시에서 대규모로 녹지를 조성해야 한다. 수백 년간 지속된 생산과 소비 방식의 대변혁이 요구되는 일이다.

기업들은 이에 대응하기 위해 ESG경영을 추진하고 있다. 환경(Environment), 사회(Social), 지배구조(Governance)를 뜻하는 ESG가 본격화하면 이를 혁신의 기회로 살아남고 발전하는 기업들과 함께 적응하지 못하고 스러져가는 기업들과 일자리가 늘어날 것이다. 정부와 기업, 상공인, 지역주민, 환경단체 간의 첨예한 갈등이 불가피하다.

씻을 수 없는 상처를 남긴 리더의 결단

2003년 7월, 부안군수가 지역 발전을 위해 정부의 장기 미제 국책사업인 방폐장(방사능폐기물 처분장)을 부안군 위도에 유치하겠다고 발표했다. 이후 아름답고 살기 좋은 조용한 농어촌은 1년여간 태풍 속으로 들어갔다.

　2003년 9월, 군수가 반대하는 주민들에게 집단폭행을 당하고 7시간 동안 감금되는 사태가 벌어졌다. 500여 명이 중경상을 입어 병원마다 환자가 넘쳐나는가 하면, 주민 45명이 구속되고 121명이 불구속기소되었다. 인구 6만여 명의 부안에 경찰이 1만여 명 가까이 상주할 만큼 엄청난 충돌이 빚어졌다.

　부안군수는 본래 대체에너지 개발을 주장해온 원전 반대론자였다. 하지만 지역을 발전시키기 위해 결단을 내렸다. 당시 정부는 10여 년

간 방폐장 부지를 물색해오다가 실패한 후 부지를 제공하는 지방정부에 예산을 포함한 다양한 지원을 약속했다.

갈등이 심화되자 부안군은 주민투표를 통해 유치 여부를 결정하기로 했다. 결과는 압도적인 반대였다. 투표에서 91.8%가 반대함으로써 방폐장 유치는 무산되었고, 모두에게 씻을 수 없는 큰 상처만 남기고 말았다.

이후 정부는 공개모집 방식으로 전략을 바꿨다. 2005년 경북의 경주와 포항, 영덕, 전북의 군산이 유치를 신청했고, 주민투표를 통해 경주시가 찬성 89.5%로 최종 후보지로 선정되었다. 정부가 방폐장 용지를 물색한 지 19년 만이었다.

부안군수가 옳았을까? 주민이 옳았을까? 부안군수는 어떻게 해야 했을까? 중앙정부는 또 어떻게 해야 했을까?

양극화가 낳은 불공정 이슈

이해와 가치의 충돌은 기술과 환경의 영역에 국한되지 않는다. 무엇이 공정한가를 두고도 엄청난 충돌이 일어난다. 양극화의 심화는 이러한 갈등을 더욱 부채질한다. 그중 하나가 비정규직과 정규직의 불공정 이슈다.

통계청에 따르면, 2021년 전체 임금근로자는 2,099만 명이고 이 중에서 비정규직근로자가 차지하는 비율은 38.4%인 약 806만 명이다. 매우 높은 수치다. 비정규직근로자는 계약 기간이 한시적인 기간제근로, 시간제근로, 일일근로 등이 있고, 근로 형태에 따라 특수근로, 파견

근로, 용역근로, 가내근로 등으로 나뉜다.

우리나라에서 비정규직은 IMF 외환위기 이후 양산되어 꾸준히 증가했다. 정부는 2007년부터 근무조건이 열악한 비정규직의 증가와 차별을 없애기 위해 2년 이상 지속되는 업무에 종사하는 계약직을 정규직으로 전환하는 정책을 폈다. 이에 따라 증가한 것이 무기계약직이다. 무기계약직은 고용 기간의 불이익이 없어 통계상 정규직으로 분류되지만, 대우에서는 차별을 받는다. 차별을 없애려는 정책 취지에도 불구하고 임금, 복지, 승진 등에서 정규직에 훨씬 못 미치는 대우를 받는다.

무기계약직 노동자들은 고조된 불만을 터뜨리고 있다. 정규직과 같은 업무를 하며 지속적으로 고용되어 있는데, 신분과 대우에서 차별을 받는다면 공정하지 않다는 주장이다. 그들은 계약직을 무기계약직으로 바꾸는 정책이 아니라 계약직을 정규직화하여 차별을 없애야 한다며 목소리를 높인다.

누가 옳은가?

"무기계약직 직원의 임금 수준은 정규직 대비 70% 수준입니다. 인사제도상에서도 불이익을 받고 있습니다. 특히 승진에서 차별이 너무 심합니다. 같은 일을 하면서 다른 대우를 받는 것은 공정하지 않습니다. 이러면 일에 몰입하겠습니까? 성과가 나겠습니까? 차별을 철폐해야 합니다. 그래야 회사도 나아질 것입니다."

2015년 말, 서울산업진흥원에 대표이사로 부임한 나는 업무를 파악하는 과정에서 처음으로 무기계약직에 대한 이야기를 들었다.

서울산업진흥원은 서울시 산하 공공기관이다. 박원순 서울시장이 재직하던 2012년, 계약직의 정규직 전환을 추진했다. 다만 완전한 정규직이 아니라 무기계약직으로의 전환이었다. 이에 따라 서울산업진흥원의 계약직 직원들도 무기계약직으로 전환되었다. 전체 직원의 약 3분의 1이 무기계약직으로 구성되었다.

무기계약직들의 주장에 정규직들은 이의를 제기했다.

"꼭 그렇지만은 않습니다. 시작이 다릅니다. 정규직 구성원들은 높은 경쟁을 뚫고 들어왔습니다. 그에 반해 그들은 계약직으로 들어와 무기계약직으로 전환된 것입니다. 정규직보다 훨씬 낮은 경쟁률을 뚫고 들어왔으니 서로의 실력 차가 존재하는 것은 당연합니다. 이를 인정하는 것이 오히려 공정한 것입니다."

무엇이 공정한 걸까? 공정을 두고도 서로의 생각은 달랐다.

나는 계약직의 처우를 개선해야 한다는 쪽이었다. 하지만 반대하는 직원들의 주장에도 일리가 있었다. 나는 그들의 이야기를 더 들으며 그들의 생각 역시 옳다는 것을 깨달았다. 두 주장이 모두 옳았다. 다만 공정을 둘러싼 이해와 가치 판단이 다를 뿐이었다.

조정은 '인정'에서 시작된다

이해와 가치가 첨예하게 충돌하는 과업을 만났을 때 리더가 해야 할 첫 번째 일은 어느 일방의 주장만이 옳은 것이 아님을 인정하는 것이다. 당사자들의 주장이 모두 옳지 않은가? 어느 쪽이 옳고 그르다고 할 수 있는가? 이를 인정하는 것에서 해결의 실마리가 보인다.

"무엇이든 다 안다고 생각하면서 정작 중요한 것을 놓치기보다는 불완전함을 인정하고 더 알아내려고 하는 것이 더욱 합리적이지 않은가?"

영국 철학자 프랜시스 베이컨의 말처럼 리더는 불완전함에 대한 인정을 기반으로 과업을 분석하고 행동을 시작해야 한다.

"모두 옳습니다"

나는 내 주장을 접기로 했다. 대표이사로서 양측의 주장이 모두 옳다는 점을 알리고 그들의 공감을 얻기 위해 노력했다. 조정과 합의로 결론을 내려야 한다고 설득하고, 구성원들 간의 합의와 노조가 주관하는 투표에 따라 결정된 사항을 따르겠다고 발표했다.

양측은 공감하기 시작했다. 내가 옳고 상대방이 그른 게 아니라 추구하는 이해와 가치가 다를 뿐이라는 것을 서로 이해했다. 테이블에 앉아 대화하며 상대방을 알아가기 시작했다.

이해와 가치가 대립되는 과업에서 리더가 해야 할 두 번째 일은 양측의 주장이 모두 옳음을 솔직하게 구성원들에게 알리는 것이다. 그리고 공감을 얻기 위해 노력해야 한다. 갈등이 심하다고 우유부단하게 아무것도 하지 않고 상황이 저절로 변화되기만을 기다려서는 안 된다.

모든 구성원이 동의한 조정안

마침내 서울산업진흥원의 구성원들은 서로의 입장을 이해하게 되었다. 나아가 서로의 입장을 고려한 조정안을 만드는 노력을 시작했다.

나는 그들의 이해를 돕는 자료를 제공했다. 현재의 문제점에 관한 자료들과 함께 통합이 이루어질 때 임금, 평가 등을 포함한 인사체계에 어떤 변화가 찾아오는지 확인할 수 있는 내용을 제공했다.

조정자 리더행동에서 리더 스스로의 인정과 이해당사자의 공감대

형성에 이어 리더가 수행해야 하는 세 번째 일은 조정을 돕는 것이다. 조정은 당사자 간의 합의를 통해 이루어진다. 따라서 리더가 직접 나서서 조정안을 내기보다 당사자들 스스로 합의할 수 있는 방안을 내도록 도와야 한다. 조정안을 만들어내기가 쉽지 않지만, 리더는 도우면서 끈기 있게 기다릴 줄 알아야 한다.

오랜 작업 끝에 새로운 대안이 도출되었고, 2016년 초, 통합 방안이 노조 투표를 통과했다. 이후 임금과 인사정책 같은 후속 조치들도 서울시와 서울시의회 등의 협력에 힘입어 무난히 단행할 수 있었다.

어떤 조정안이었을까? 조정안은 어떻게 만들어졌을까?

조정안은 먼저 조정의 원칙을 세우는 데서 돌파구가 마련되었다. 양측의 입장을 넘어 조직의 목적을 고려한 것이다. 서울산업진흥원의 설립 목적은 서울의 중소기업들을 돕는 것이다. 이를 제대로 수행하려면 구성원들과 조직의 역량이 중요하다. 경쟁력을 강화해야 한다. 이 원칙을 중심으로 조정안을 만들자는 의견에 모두가 뜻을 같이했다.

조직의 경쟁력을 강화하려면 무엇보다 구성원들의 합심이 중요하다. 따라서 무기계약직이 요구하는 통합은 기본적으로 옳은 방향이다.

또한 구성원들 간의 동등한 경쟁 역시 조직의 경쟁력에 필요하다. 이를 개선할 수 있어야 한다. 그런데 평가, 보상 등의 인사체계가 정규직과 무기계약직으로 이원화되어 있어 같은 팀에서 같은 업무를 수행하더라도 정규직과 무기계약직으로 별도의 평가를 받고 있었다. 이를 바꾸는 것도 옳은 일이다. 무기계약직이든 정규직이든 실력 위주로 동등하게 경쟁하고 동일하게 평가받고 이를 기반으로 대우해야 한다는 정규직의 의견 역시 반영해야 한다.

통합을 이룬 서울산업진흥원의 변신

　　　　이런 조정 방향하에 단일한 인사체계를 수립했다. 호칭을 정규직으로 통일하고, 평가, 보상, 승진에서 정규직과 무기계약직의 구분을 없애고 경쟁을 도입했다. 저성과자프로그램도 만들었다.

　조정안은 서로의 주장을 모두 반영한 결과였다. 무기계약직이 주장한 차별 철폐가 이루어졌고, 정규직이 주장한 실력을 중심으로 한 공정한 경쟁의 토대가 마련되었다. 또한 서로가 양보한 결과였다. 무기계약직 구성원들은 자신감을 보이며 정규직과의 직접 경쟁과 저성과자프로그램을 수용했고, 정규직 구성원들은 통합을 받아들였다.

　통합 이후 구성원들은 업무에의 몰입을 실천으로 보여주었다. 크고 작은 성과가 나타나기 시작했다. 무기계약직이었던 구성원들이 훌륭한 자세를 보이며 눈에 띄는 실적을 올렸고, 팀장으로 승진하는 사례가 속속 출현했다. 통합이 조직의 경쟁력 강화에 큰 힘을 발휘한 것이다.

　통합이 가져온 긍정적인 결과에 힘입어 서울산업진흥원은 2017년 초 시설관리. 청소, 경비 등 기존의 위탁용역 노동자 121명을 정규직으로 채용했다. 정년이 보장되는 안정적 일자리를 제공함으로써 용역계약 기간이 종료될 때마다 해고와 고용을 반복하는 고용불안에서 벗어날 수 있게 한 것이다. 이를 통해 근무만족도를 높이고 전문성을 축적할 수 있게 함으로써 시설물의 안전 확보와 대고객서비스의 향상을 이루는 기반을 마련할 수 있었다.

고독하게 결단하지 말고 믿고 기다려라

갈등을 빚는 과업을 앞두고 과감한 의사결정을 하는 리더들이 있다. 그들의 모습은 대략 다음과 같다.

　리더는 미동도 하지 않은 채 오랜 시간 지긋이 창밖을 바라보고 있다. 고요해 보이는 밖의 풍광과 달리 리더의 머리는 무척 혼란스럽다. 여러 주장이 팽팽히 대립하며 부딪히고 있다. 각기 일리 있는 주장들이다. 리더 스스로도 무엇이 옳은지 판단이 서지 않는다. 확실한 정답이 보이지 않는다.

　리더가 고민하는 사이 갈등은 더 악화되고 시간만 흐른다. 리더에 대한 비난이 갈수록 거세진다. 결단을 내려야 하는 리더가 우유부단해서 중심을 잡지 못한다는 것이다.

리더는 리더로서 자신의 역할을 떠올린다.

'리더로서 나의 소명은 명확하고 빠르게 의사결정하는 것 아닌가? 내가 결정하지 못하면 누가 하겠는가?'

그 순간 리더는 과감해야 한다고 마음먹고 고독한 결단을 내리기에 이른다. 자신의 결단에 따라줄 것을 사람들에게 설득하기 위한 첫걸음을 내딛는다.

복잡다단한 상황에 처한 리더들은 머릿속이 혼란한 상태에서 확신이 아닌 결단의 강박증에 사로잡힌다. 위험을 무릅쓰고 결단을 내리는 리더의 모습에 박수를 보내는 사람들도 있다.

과단성 있어 보이는 리더의 행동은 옳은 것일까? 결단의 책임을 오롯이 지겠다고 하지만 반대하는 사람들에게 리더는 책임을 질 수 있을까? 그들을 설득해낼 수 있을까? 리더의 결정은 지속 가능할까?

리더는 적기의 의사결정이 리더가 해야 할 일이라고 강변할 것이다. 리스크가 있어도 빠르게 결정하는 것이 낫다고 생각할 수 있다. 하지만 이해와 가치가 충돌하는 이런 과업에서는 더 큰 갈등만 초래할 뿐이다. 과감한 리더로 보일 수 있지만 독단적 리더일 뿐이다.

이해와 가치의 충돌을 조정해야 하는 리더는 구성원들을 믿고 인내하며 기다려야 한다. 공동체가 안고 있는 갈등문제를 정확히 이해하도록 도와야 한다. 필요한 정보를 제공하여 찬반의 세력이 충분히 논의할 수 있는 환경을 조성해주어야 한다. 창조적 합의안은 그러한 리더의 노력에서 나온다.

갈등의 당사자가 되었을 때

조정자 리더행동은 충돌을 조정하는 리더에게만 요구되지 않는다. 충돌의 당사자들에게도 필요하다. 기업은 약배달앱의 편리성만 주장할 게 아니라 약사들이 제기하는 약의 오남용 문제를 이해하고, 약사 역시 배달이 환자들을 편리하게 한다는 점을 인정하여 서로 대화에 나서야 한다. 서로의 주장을 수용하고 우려를 불식시킬 수 있는 새로운 방안을 만드는 데 머리를 맞대야 할 것이다.

갈등을 발전적으로 해결할 수 있는 조정자 리더행동이 발휘될 때 조직과 사회가 혁신을 추진하여 전진할 수 있다. 파괴적 혁신에 따르는 피해자들 또한 적절히 보호할 수 있다.

조정자 리더행동 점검 질문

❶ 당신의 과업에서 이해와 가치의 충돌이 있는지 파악하고 있는가?

❷ 어느 일방의 주장이 옳고 그른 것이 아니며, 모든 주장이 존중되어야 함을 스스로 인정하는가?

❸ 당사자들(또는 상대방)이 이런 인식에 공감하도록 설득하는가?

❹ (조정자라면) 당사자들이 조정안을 만들 수 있게 돕는가?

❺ (당사자라면) 조정안을 만들기 위해 상대와 더불어 노력하는가?

❻ 조정이 잘 이루어지지 않을 리스크가 무엇인지 알고 이에 대비하고 있는가?

❼ 구성원, 권한부여자, 동료가 리더의 접근 방법을 지지하는가?

03
전략을 세우다

문제는
목적지에 얼마나 빨리 가느냐가 아니라
목적지가 어디냐는 것이다.
- 메이블 뉴컴버, 미국 경제학자 -

왜 CVC는 부진했을까?

"주 대표님, 벤처투자를 적극적으로 추진하고 싶긴 한데, 이전 성과가 워낙 좋지 않아서 주주들의 반대가 큽니다."

대기업 CEO인 장 대표가 말했다. 나는 그에게 대기업의 벤처투자를 적극적으로 권유해왔다. 스타트업은 물론 대기업에도 큰 도움이 되기 때문이다.

사실 대기업 내부에서는 혁신을 추진하기가 어렵다. 조직이 방대하고 시스템화되어 있어 기존 사업의 변화를 추진하기 어렵기 때문이다. 따라서 대기업에는 외부의 혁신기업과 협력하거나 아예 혁신기업을 인수하는 것이 혁신을 위한 좋은 대안이 된다. 바로 벤처기업이다. 대기업들이 새로운 성장동력을 만들고 경쟁력을 키우는 데 벤처투자만큼 효과적인 방법도 별로 없다.

이를 위해 CVC(Corporate Venture Capital, 기업형 벤처캐피털)를 설립하여 운영하는 대기업들이 전 세계에 많이 있다. 하지만 장 대표의 생각은 부정적이다.

"CVC를 설립하고 싶기는 한데 일반 벤처캐피털에 비해 경쟁력을 갖추기가 어려운 것 같습니다. 이전에도 시도를 했지만 결국 실패했습니다."

저조한 성과의 결정적 이유

창업기업에 투자하는 전통적인 기업은 전문적 금융기업인 벤처캐피털(VC, Venture Capital), 사모펀드(PEF, Private Equity Fund), 자산운영사 등이 있다. 이와 달리 비전통적인 창업투자회사로 대표적인 것이 대기업이 운영하는 CVC다.

미국의 경우 CVC의 창업투자금액이 전체 창업투자의 50%에 육박한다. 2020년 미국 CVC의 창업투자금액은 한화로 약 100조 원이었다. 가장 적극적인 활동을 보이는 CVC는 구글, 인텔, 퀄컴, GE, 시스코, 마이크로소프트 등의 글로벌 기업들이 운영하는 곳이다.

우리나라 대기업들도 많은 관심을 보이고 있지만 미국에서 활동 중인 삼성벤처스를 제외하면 뚜렷한 활동을 전개하는 대기업이 많지 않다. 따라서 벤처투자에서 차지하는 비중도 매우 적다.

왜 그럴까? 그 중요성을 대기업들이 몰라서일까? 그렇지 않다.

"1차 벤처 붐이 불 때 많은 대기업이 시도를 했었지요. 장 대표님 회사도 조직을 만드셨지요."

1990년대 말, 벤처투자 붐이 일 때 대기업들은 벤처투자조직을 앞다투어 만들고 운영했다. 혁신적인 벤처를 활용하여 대기업의 경쟁력 강화와 신산업 진출 기회를 확보하려는 목적이었다. 하지만 일시적인 시도에 그치고 말았다. 이후 대기업들의 벤처투자는 수면 아래로 가라앉았고 벤처투자에서 철수하거나 규모를 축소했다. 그 이유는 장 대표의 말처럼 기대했던 것보다 성과가 낮았기 때문이다. 더구나 전통적인 금융 분야의 VC, 즉 일반 VC보다 CVC의 성과가 훨씬 낮았다. 이해할 수 없는 일이었다.

당시에 CVC는 거의 모든 면에서 일반 VC보다 훨씬 유리했다. VC의 핵심 경쟁력은 투자펀드를 조성하는 능력과 좋은 기업에 투자하는 능력, 이를 뒷받침하는 좋은 인재다. 대기업들은 전문성을 확보하기 위해 뛰어난 벤처캐피털리스트들을 일반 VC로부터 대거 영입했다. 인적 역량 면에서 충분한 경쟁력을 갖춘 것이다. 펀드 결성과 창업기업 투자에서도 일반 VC보다 유리한 부분이 많았다. 풍부한 내부 자금을 가지고 있어 펀드 결성과 투자에 별 어려움이 없었다.

스타트업 투자도 유리했다. 스타트업은 대기업과의 사업적 시너지에 대한 기대 때문에 일반 VC들보다 CVC의 투자를 선호했다. 게다가 향후 M&A에 대한 기대를 가질 수 있는 것도 CVC의 큰 강점이었다.

그런데도 CVC의 성과는 일반 VC의 성과를 크게 밑돌았다. 재무적 성과만이 아니라 전략적 성과 역시 문제였다. CVC에 적극적이었던 대기업들이 크게 실망한 것은 자연스러운 일이었다.

CVC가 일반 VC보다 성과를 못 낸 이유는 무엇일까? 결정적 원인이 있었다. 바로 모순된 목표였다.

조직의 목적을 이루는 전략의 핵심

당시 대부분의 CVC는 모순된 2가지 목표를 가지고 있었다. '투자수익 극대화'와 '투자기업의 전략적 활용'을 목표로 삼았다. 그리고 우선순위 없이 두 목표를 동시에 추구했다. 그 결과, 2가지 목표가 매 순간 충돌했다.

예를 들어보자. CVC가 투자한 벤처기업이 성장했다. 그리고 이 기업을 높은 가격에 M&A하겠다는 기업이 나타났다. 일반 VC라면 의사결정이 명확할 것이다. 투자한 벤처기업을 차익을 보고 매각하는 것이다. 일반 VC의 목표는 재무적 이익의 극대화뿐이기 때문이다. 하지만 CVC 경영진은 결단을 내리지 못한다. 재무적 이득을 위해서는 매각하는 것이 맞지만 사업적 활용 면에서는 유지하는 것이 낫기 때문이다. 결국 이러지도 저러지도 못한다.

이러한 혼란은 M&A상황에서만 발생하는 것이 아니다. 의사결정의 순간마다 발생한다. 투자한 벤처기업의 이익 증대에 집중할 것인가? 자사의 사업과 시너지를 내는 데 집중할 것인가? 끊임없이 고민하게 된다. 설사 우선순위가 있어도 명확히 판단하기는 어렵다. 더군다나 우선순위를 설정한 CVC는 당시에 거의 없었다. 이러다 보니 중요한 의사결정을 내려야 할 때마다 벤처투자조직의 리더와 구성원들은 모순된 두 목표를 놓고 골머리를 앓았다.

당연히 성과가 좋을 리 없었다. 대기업의 경영진은 CVC의 존재 이유에 대해 의구심을 갖게 되었고, 그것이 소극적인 CVC 운영이나 철수로 이어지는 결과를 낳았다. 큰 기대를 갖고 CVC에 합류했던 벤처캐피털리스트들은 모순된 목표로 인해 성과도 제대로 내지 못하고 대기업으로부터 다시 빠져나왔다.

시장점유율인가, 이익률인가?

과업의 목표는 여러 개일 수 있다. 하지만 목표들이 서로 충돌하면 곤란하다. 충돌이 발생하면 어느 목표를 추구해야 할지 모르게 된다. 실행과제를 정의하기도 어렵다.

기업들에서 흔히 설정하는 목표는 시장점유율 확대와 이익률 제고다. 하지만 종종 충돌한다. 시장점유율을 늘리려면 공격적인 마케팅이 추진되고 비용이 추가적으로 사용된다. 가격 경쟁을 벌이기도 한다. 가격을 낮추어 시장점유율을 올리려는 것이다. 그 결과 이익률이 낮아진다.

경험 있는 경영자들은 모순된 목표를 동시에 추구하지 않는다. 동시에 추구하더라도 우선순위를 명확히 한다.

조직 목적과 목표의 일치

모순된 목표는 왜 생길까? 전략을 제대로 수립하지 못하기 때문이다. 전략의 핵심은 조직의 목적에 결정적으로 기여하는 목표를 세우는 것인데, 이를 제대로 수립하지 않기 때문이다.

우리 조직의 목적은?

과업을 수행하는 것은 조직의 목적을 실현하기 위해서다. 그런데 조직의 목적에 과업 목표가 일치(alignment)하지 않으면 어떤 일이 벌어질까? 엉뚱한 일을 벌이게 된다. 전략가 리더행동이 그래서 중요하다.

전략가 리더행동의 첫 번째는 목표를 정하기에 앞서 조직의 목적을 명확하게 파악하고 정의하는 것이다. 조직의 목적은 조직을 소유한 사람들에 따라 좌우된다. 이들은 유권자일 수도 있고 주식회사의 주주일 수도 있다. 이들이 조직을 만들고 소유하고 리더를 선택한다. 리더가 과업을 통해 조직의 목적에 기여하길 바란다. 따라서 리더는 이들의 동기를 고려하여 조직의 목적을 파악하고 정의해야 한다. 이를 기반으로 과업의 목표를 결정하고 추진해야 한다.

목적을 달성하는 목표 설정

조직의 목적을 달성하는 목표는 여러 가지일 수 있다. 목표들 중에서 조직의 목적 달성에 가장 결정적인 목표를 찾아 추진해야 한다. 현재 추진하고 있는 목표 외에 더 나은 대안이 있다면 목표를 잘못 설정한 것이다.

CVC 사례로 돌아가보자. 일반 VC는 투자금융기관이다. 투자수익을 극대화하는 것이 조직의 목적이다. 재무적 투자자로서 이 목적에 부합하는 목표를 세우고 과업을 추진한다. 그에 비해 CVC는 대기업의 성장을 위한 창업기업의 기술이나 새로운 사업모델을 확보하려는 목적에 따라 설립된다. 투자수익보다는 신성장동력 확보나 경쟁력 강화를 위한 투자, 즉 전략적 투자에 집중한다. 따라서 CVC는 전략적 투자에 맞는 목표를 가져야 한다. 그래야 성공적으로 성과를 낼 수 있다.

앞에서 안드로이드 개발의 사례를 살펴보았다. 구글은 2005년 600억 원에 안드로이드를 인수하여 2007년 시장에 내놓았다. 당시 구글의 안드로이드 투자는 재무적 투자였을까, 전략적 투자였을까?

구글은 안드로이드를 인수하여 애플에 밀리던 스마트폰 경쟁을 역전시켰다. 지금은 스마트폰시장을 넘어 전체 OS 경쟁에서도 마이크로소프트에 전혀 밀리지 않는다. 또한 안드로이드 마켓인 구글플레이를 엄청난 비즈니스로 키워냈다. 나아가 자동차 OS 등 다양한 영역으로 확장하고 있다. 전략적 투자가 큰 성공을 거둔 것이다.

그에 비해 우리나라 대기업들의 CVC는 조직의 목적과 관련 없는 목표를 하나 더 가지고 있었다. 재무적 투자이익이라는 목표였다. 이 목표는 CVC의 조직 목적과 일치하는 전략적 투자의 목표와 사사건건 부딪힐 수밖에 없었고, 제대로 성과를 낼 수 없었다.

목표에 맞는 조직 운영은 어떻게?

명확하지 않은 목표를 가진 과업은 제대로 실행할 수 없다. 목표가 실행의 나침반 역할을 하지 못하기 때문이다. 목표는 벡터와 스칼라다. 명확하지 않으면 방향이 어긋날 수밖에 없고 매 순간 혼란과 충돌을 일으킨다.

다시 창업 붐이 불고 있다. 제2의 창업 붐이라고 할 만큼 열기가 뜨겁다. 성공적인 창업기업들도 나타나고 있다. 빠른 기술혁신으로 1차 창업 붐이 불었던 인터넷 붐에 버금가는 변화를 가져오고 있다. 대기업들도 적극적으로 CVC에 뛰어들고 있다. 하지만 CVC의 성과는 과거와 별반 다르지 않다. 이유는 명백하다. 20년 전의 문제를 그대로 안고 있는 CVC가 많기 때문이다.

한 가지 다행스러운 점은 모순된 목표에서 탈피하여 전략적 투자

목적에 맞는 목표를 세우고 운영하는 CVC가 늘고 있다는 것이다. 재무적 투자와 전략적 투자를 동시에 추구하되 재무적 목표와 전략적인 목표를 구분하여 별도로 2개의 조직을 운영하는 기업도 있다. 대표적인 예가 카카오다. 카카오는 전략적 투자에 집중하는 본사 내부의 투자조직과, 재무적 투자를 주로 하면서 전략적 기회를 부수적으로 탐색하는 자회사인 카카오벤처스와 카카오인베스트먼트를 운영하고 있다.

모순된 목표와 매한가지 '모호한 목표'

모순된 목표의 과업과 마찬가지로 모호한 목표를 가진 과업도 문제다. 대표적으로 언제까지 달성하겠다는 시기가 결정되어 있지 않은 과업이 있다. 구체성이 결여된 목표를 가진 과업도 있다. '장기적으로 세계 초일류 기업이 된다', '국내 초일류 대학으로 비약한다'와 같이 달성 시점도 없고, 언제 어떤 목표를 달성해야 하는지 명확한 방향 제시도 없이 그저 열망을 목표로 설정한 과업들이 많다.

전략가 리더행동의 핵심은 조직 목적에 결정적으로 기여하는 명확한 목표를 세우는 것이다. 명확한 목표는 조직의 힘을 과업에 집중시킨다. 그래야 큰 성공을 이끌어낼 수 있다.

전략가 리더행동 점검 질문

① 현재 과업의 목표를 실현하면 조직의 목적을 달성할 수 있는가?
과업의 목표와 조직의 목적이 서로 일치하는가?

② 현재의 목표가 다른 목표들에 비해 조직의 목적을 달성하는 데
더 결정적인가?

③ 과업 목표를 권한부여자가 적극적으로 지지하는가?

④ 과업 목표가 명확한가? 목표들 간 충돌은 없는가? 목표가 모호하
지는 않은가?

⑤ 조직의 목적과 과업 목표를 포함한 전략이 수립되어 있는가?

⑥ 전략을 명문화하여 공유하고 있는가?

⑦ 전략의 수립을 구성원들과 함께 했는가?

⑧ 구성원들은 전략에 대해 공감하고 적극적으로 지지하는가?

04
성공을 관리하다

리더가 갖춰야 할
가장 중요한 자질 중 하나는
사업을 위에서 내려다보며 동시에
내부에서도 볼 수 있는 균형 잡힌 안목이다.
훌륭한 리더는 15분 안에 6만 피트 상공에서
지면까지 달려갈 수 있어야 한다.
리더가 구름 속에 너무 오래 머물러 있으면
무슨 일이 일어나고 있는지 알 수 없을 것이고,
땅에서만 있으면 미래를 예견할 수 없다.
- 제프리 이멜트, GE 회장 -

당신의 투자가 필요합니다

"음악산업은 크게 발전했습니다. 그리고 급변하고 있습니다. 우리나라 아티스트들의 글로벌 시장 진출도 불가능하지 않습니다. 아니, 이를 목표로 적극적인 노력을 해야 합니다. 아티스트들의 끼와 재능을 고려하면 성공 가능성은 충분합니다."

2005년, 한 음반기획사의 사장을 만나 그의 비전을 들었다. 당시 나는 새로운 미디어를 위한 콘텐츠 확보에 관심이 많았다. 그중 음악은 확보해야 할 중요 콘텐츠였다. '엔터테인먼트 콘텐츠가 IT산업의 킹 (king)이 될 것'이라는 이야기가 나돌던 시기였다. 멜론 등 음원공유서비스가 활발히 추진되고 있었고, 현재 OTT의 전신인 IPTV, 디지털케이블TV, 위성, 지상파 DMB와 같은 새로운 미디어가 준비되고 있었다. 이를 위해선 좋은 콘텐츠가 필요했다.

1990년대 '서태지와 아이들'은 한국 대중음악의 새로운 지평을 열었다. 새로운 팝뮤직과 힙합을 기반으로 한 댄스와 아티스트그룹의 시작이었다. 이후 뮤지션들과 음반기획사들은 글로벌 시장 진출이라는 새로운 목표를 향해 도전하기 시작했다. 드라마, 영화에서도 해외 진출의 낭보가 하나 둘 전해지고 있었다. 이와 더불어 음악에 대한 수요가 커지고, 글로벌 진출에 대한 사업자들과 투자자들의 관심이 높아졌다.

실행계획과 실행력의 차별성

열정적인 음악기획사 사장의 이야기를 듣고 나는 회의적인 반응을 보였다.

"사장님 말씀처럼 가능성도 있고, 성공하면 큰 수익을 거둘 수 있다고 생각합니다. 하지만 구체적인 실행 방안이 문제입니다. 많은 음반기획사들도 비슷한 아이디어를 가지고 있지만 구체적으로 어떻게 실행할지 답을 제시하지 못했습니다. 어떻게 잠재력 있는 인재를 발굴할지, 어떤 교육을 누가 시킬지 막연한 이야기들이었습니다. 노래, 댄스, 매너, 영어 등을 어떻게 교육할 건가요? 또 글로벌 시장을 타깃으로 한 작사작곡은 누가 어떻게 하고요. 글로벌 시장에서 경험도 쌓아야 하는데, 이것은 또 어떻게 할 건가요?"

"그래서 당신의 투자가 필요합니다."

사장은 빙그레 웃으며 자신의 계획을 설명하기 시작했다. 그의 계획은 구체적이었다.

"약 100명의 가능성 있는 인재들을 발굴해서 글로벌 시장을 목표로

장기적이고 체계적인 최고의 교육을 할 겁니다. 미국 현지에서의 경험도 갖도록 할 것입니다. 그리고 계속해서 경쟁을 시켜 마지막에는 최고의 멤버들로 구성된 하나의 그룹을 데뷔시킬 겁니다."

그의 아이디어와 목표는 다른 음반기획사들과 거의 같았지만, 그들과 구분되는 확실한 차별성을 가지고 있었다. 무엇보다 계획을 실행하기 위한 구체적인 단위 과제가 잘 정의되어 있었다. 과제별 조직과 구성원의 업무에 대한 계획이 구체적이고 명료했다. 실행 방안도 세부적이고 현실적이었다. 인재 발굴과 경쟁, 음악, 댄스, 교육, 해외 경험 등을 실행할 수 있는 자체 조직을 갖추고 있었고 전문 프리랜서와 글로벌 플레이어와의 협력 또한 준비되어 있었다.

그는 사업의 주요 단계를 체계적인 프로세스로 관리할 수 있음을 설득력 있게 보여주었다. 나아가 외부의 투자를 받기 위한 회사의 시스템과 투명성을 제고하는 계획 역시 진행하고 있었다.

음반기획사 사장은 필요한 자금을 확보했다. 그리고 그의 계획은 현실이 되었다.

원더걸스 탄생의 키워드

2007년, 원더걸스의 '텔미'가 국내에서 선풍적 인기를 끌었다. 이어서 글로벌 시장을 계속 두드렸다. 이를 계기로 새로운 케이팝(K-Pop)그룹들이 출현했고, 이들 역시 글로벌 음악시장 진출을 추진했다. K-Pop은 큰 성공을 거두었고 그 열풍은 지금도 이어지고 있다.

많은 음반기획사들이 글로벌 시장 진출이라는 명확한 목표를 가지고 도전했지만 대부분 진출에 실패했다. 하지만 그는 미국 시장으로 나가는 데 성공했고 의미 있는 도전을 했다. 어떤 차이가 있었을까?

한마디로 실행력의 차이였다. 그는 관리자 리더행동을 제대로 수행하여 목표를 이루어낸 것이다. 그의 실행 방법과 프로세스는 K-Pop의 특징이자 경쟁력이 되었고, 전 세계로 확산되고 있다.

해낼 수 있습니까?

"유니콘기업이 많아지면 창업생태계의 도약은 물론 경제발전과 일자리 증가에 큰 도움이 될 것입니다. 따라서 저는 유니콘기업 육성이라는 목표를 향해 나아가고 싶습니다. 하지만 해낼 수 있을지가 걱정입니다. 모태펀드는 주로 초기기업들, 작은 기업들을 육성하는 일에 집중해왔습니다. 유니콘 육성에 사용할 자금도 경험도 부족한데 과연 우리가 해낼 수 있을까요?"

2018년 초, 모태펀드를 운영하는 한국벤처투자에서 유니콘기업에 대한 열띤 토론이 벌어지고 있었다. 당시 나는 대표이사였다.

괄목할 성장을 이루어 기업 가치가 10억 달러 이상인 비상장 창업기업을 '유니콘기업'이라고 부른다. 유니콘(unicorn)은 뿔이 하나 달린 말처럼 생긴 전설상의 동물이다. 그만큼 유니콘기업이 되기란 어려운 일이다. 당시 우리나라의 유니콘기업은 쿠팡, 옐로모바일, L&P코스메틱 등 모두 3개였다.

유니콘이라는 이름의 희망

　　나는 유니콘기업이 많아지면 일자리 창출에 크게 기여하는 것은 물론, 창업생태계의 발전에도 긍정적으로 작용할 것으로 보았다. 예비창업자들과 창업기업들에 꿈을 줄 것이고 도전에 나설 것이다. 또한 해외 투자자들이 우리나라 창업기업의 가능성에 주목하기 시작할 것이다. 글로벌 벤처캐피털들도 투자에 적극성을 보일 것이다. 그러면서 기존 기업들이 혁신에 자극을 받고 경쟁력 강화에 힘을 쏟을 것이다. 대기업들도 벤처투자에 적극적으로 참여할 것이다.

　우리는 유니콘기업이 늘어나는 데 한국벤처투자가 촉매제 역할을 할 수 있으면 좋겠다는 생각에 모두가 깊이 공감했다. 하지만 중요한 것은 과연 해낼 수 있느냐는 것이었다.

이루어지게 만들어라

"유니콘으로 성장할 수 있는 기업들이 많습니다. 뛰어난 기업가들도 있고, 성장 가능성이 높은 분야도 새롭게 나타나고 있습니다."

실제로 유니콘기업으로 성장할 후보 기업들이 많았다. 하지만 이들이 성장하려면 2가지가 더 필요했다.

첫째는 자금이었다. 유니콘으로 성장하려면 사업 단계별로 자금을 유치해야 한다. 성장하면서 자금의 규모는 더 커진다. 따라서 초기 단계부터 성장 단계에 이르는 동안 지속적으로 투자해줄 수 있는 대형 펀드가 필요했다. 하지만 국내엔 많지 않았다.

둘째는 시장 확대였다. 유니콘으로 성장하려면 큰 시장을 상대로 공략해야 한다. 해외시장으로 사업 영역을 넓혀야 한다. 하지만 창업기업들은 해외 진출을 위한 역량이 부족하다. 이를 도와줄 수 있는 것이

해외의 벤처캐피털이다. 그런데 해외, 특히 미국의 벤처캐피털들은 한국의 스타트업에 큰 관심을 보이지 않았다.

목표를 실현하는 리더의 관리 프로세스

"창업기업들을 키워 유니콘기업으로 만드는 일은 우리 조직의 목적에 부합하는 중요한 목표가 될 수 있습니다. 자금과 시장 확대를 위한 지원이 중요하다는 사실도 잘 알고 있습니다. 문제는 해낼 수 있느냐입니다."

리더에게 가장 어려운 일 중 하나가 목표의 실행 가능성을 판단하는 것이다. 이때 필요한 것이 관리자 리더행동이다. 실행할 방법이 마땅히 없는 과업에는 혁신가 리더행동이 요구되지만, 유니콘기업으로의 성장을 돕는 일은 목표와 실행 방법이 명확하므로 리더가 관리자 리더행동을 제대로 수행하면 목표를 이룰 수 있다.

실행 가능한 과제 계획

관리자 리더행동의 첫 번째는 목표를 달성하기 위한 과제들을 실행 가능하도록 계획하고 준비하는 것이다. 구성원들이 실행과제들을 현재의 역량 수준에서 실행할 수 있도록 이끌어야 한다. 제일 먼저 실행 가능한 과제를 선정하고 구성원들이 명확하게 이해할 수 있도록 정의해야 한다. 구성원들이 쉽게 따라 할 수 있도록 과제 수행을 프로세스화하는 일도 필요하다. 나아가 과제 수행 과정에서 만나는 문제들에 대한 해결 방법도 미리 마련해야 한다.

앞서 소개한 음악기획사 사장의 탁월함은 여기에 있었다, 그는 뛰어난 대중음악그룹을 키우는 실행과제를 명확히 정의하고 조직이 잘 수행할 수 있도록 프로세스를 체계화했다.

실행과제 수행을 위한 자원 확보

관리자 리더행동의 두번째는 과제들을 실행할 수 있는 자원을 확보하는 것이다.

자원은 2가지다. 하나는 인력이다. 과제를 수행할 수 있는 인력을 확보해야 한다. 또 하나는 자금이다. 과제 수행에는 돈이 든다. 음악기획사의 사장도 인력은 확보하고 있었지만 자금이 부족했다. 그는 자금확보를 위해 노력했고, 확보하고 나서 본격적인 실행에 들어갔다.

3개 유니콘에서 15개 유니콘으로

나와 한국벤처투자의 본부장들은 유니콘 육성이라는 목표를 달성할 수 있는지 검토했다. 구성원들의 역량은 뛰어났다. 문제는 자원이었다. 유니콘이 될 만한 기업에 지속적으로 투자하는 대형 펀드를 어떻게 만들 것인가? 해외 펀드가 이들에게 투자하게 하려면 어떻게 해야 하는가?

"자금만 풍부하면 대형 펀드와 글로벌 펀드를 만들 수 있겠지만 현실적으로 거의 불가능합니다. 우리가 운영하는 모태펀드는 초기의 기업에 집중해야 합니다. 따라서 다른 곳에 출자할 여력이 없습니다."

암초에 부딪혔다.

"자원의 제약 속에서 할 수 있는 일은 없습니까?"

논의를 거듭한 우리는 가능한 해답을 찾아냈다. 훌륭한 자세와 뛰어난 역량을 갖춘 본부장, 팀장, 구성원들이 좋은 아이디어를 낸 것이다. 그것은 자체적으로 대형 펀드를 만들지 않고 민간에서 대형 펀드가 만들어지도록 돕는 것이었다. 그러려면 먼저 해야 할 일이 있었다.

첫째, 대형 펀드의 출현과 지속적 투자를 가로막는 규제를 없애는 것이었다. 핵심은 창업기업 투자에 대한 글로벌 스탠더드의 도입이었다. 둘째, 자금을 가진 은행, 대기업이 대형 펀드를 조성할 수 있도록 돕는 것이었다. 셋째, 민간과 해외 투자자들이 적극적으로 투자할 수 있도록 창업투자의 수익성과 투자 방법 등을 알리는 것이었다. 우리가 보유하고 있는 정보를 분석하여 시장에 공개하는 것이다. 넷째, 유망한 기업들을 선정하고 이들을 해외 투자자와 연결시키는 것이었다.

"이 과제들은 추가 자금 없이도 할 수 있는 일이군요. 수행해봅시다. 구성원들이 제대로 해낼 수 있는 프로세스를 잘 만들어 실행합시다. 이제 실행 가능한 과제를 찾아냈으니 우리의 목표를 확정합시다. 목표는 3년 내에 유니콘이 20개 이상 나오도록 돕는 것입니다."

대부분의 과제들은 1년 안에 이루어졌다. 한국벤처투자는 물론 민간의 창업투자회사, 전문가, 그리고 중소벤처기업부와의 협력을 통해 민간에서 실행할 수 있는 제도적 변화가 이루어졌다. 지속적으로 투자할 수 있는 대형 펀드도 만들어지기 시작했다. 협력을 통해 하나은행이 1,000억 원의 펀드를 조성하고 창업기업 대출을 위해 1조 원을 약정했다. 포스코는 창업투자를 1조 원 규모로 크게 확대하여 본격적으로 뛰어들었다. 정보 공개와 유망 기업 선정, 집중적인 지원도 진행되었다. 글로벌 펀드도 확대되기 시작했다.

　중소벤처기업부에 따르면 2021년까지 한국에서 15개의 유니콘이 배출되었다. 2018년의 3개에서 크게 증가한 것이다. 근간은 뛰어난 기업가와 민간 투자자들의 힘이었다. 한국벤처투자와 중소벤처기업부가 유니콘의 성장을 목표로 설정하고 실현 가능한 과제들을 추진한 것 역시 핵심적인 동력으로 작용했음은 물론이다.

관리자 리더행동 점검 질문

❶ 당신의 과업은 실행 가능한가?

❷ 궁극적 목표, 단계별 목표, 실행과제, 자원 확보 방안 등 실행계획이 수립되어 있는가?

❸ 실행계획의 수립을 구성원들과 함께 했는가?

❹ 구성원들은 실행계획을 지지하고 적극적으로 수행하는가?

❺ 현 단계의 목표는 달성 가능한가? 현 단계의 목표 달성에 실패했을 경우 대안이 있는가?

❻ 구성원들의 실행력을 파악하고 있는가? 그들은 실행과제를 수행할 수 있는가?

❼ 구성원들은 실행과제의 정의, 실행 절차, 결과, 예상문제의 해법 등을 잘 이해하고 있는가?

❽ 이를 위한 매뉴얼이 있는가?

❾ 실행의 효율성을 높이기 위해 계속 노력하고 있는가?

과업을 성취하는 리더행동 계획

리더행동을 계획하는 첫걸음은 과업의 파악이다. 과업을 파악하여 필요한 리더행동을 계획해보자.

여기서는 리더십캔버스를 활용한다. 한 장으로 정리되어 있는 리더십캔버스는 파악과 리더행동의 계획을 돕기 위해 개발한 도구다. 종합적이고 체계적으로 상황을 파악하여 리더행동을 계획할 수 있다.

협력자	구성원	과업	리더	권력
협력자 동기	구성원 동기	조직 목적	리더 동기	권한부여자 동기
협력자 역량	구성원 역량	과업 목표	리더 역량	권한부여자 역량
협력자 신뢰		핵심 실행과제		권한부여자 신뢰
협력자 바게닝 파워	구성원 신뢰	핵심 자원	리더 신뢰	리더 권력과 후계자
		리더행동		
협력자 리더행동	구성원 리더행동	과업 리더행동	리더 리더행동	권력 리더행동

리더십캔버스는 총 23개의 빌딩블록으로 구성되어 있다. 과업, 권력, 구성원, 협력자, 리더라는 5가지 리더십 요소를 중심으로 구체적인 파악과 계획이 가능하도록 23개의 빌딩블록으로 세분하고, 5가지 리더십 요소에 따르는 각각의 리더행동을 포함했다.

리더십캔버스는 리더십 요소와 세부사항들을 전체적으로 점검하고 평가하고 계획할 수 있는 리더의 상황판이다. 자신이 처한 상황을 요소별로 파악하고, 요소 간의 관계를 분석하고, 자신이 리더로서 어떤 행동을 하고 있는지 가늠할 수 있게 해준다.

또한 리더십캔버스는 문제해결을 위한 도구다. 상황을 파악하는 과정에서 문제를 발견하고 해결 방안을 찾을 수 있다. 리더는 과업의 성공에 필요한 빌딩블록 각각의 기대수준(to-be)을 정의하고, 현수준(as-is)과의 격차(gap)를 규명한다. 그리고 격차를 어떻게 좁힐 것인지 해결 방안을 찾아 결정한다.

과업은 조직의 목적을 달성하기 위해 리더가 수행하는 일로 조직 목적, 과업 목표, 핵심 실행과제, 핵심 자원을 포함한다.

권력에서는 권한부여자가 중요하다. 특히 권한부여자의 동기가 리더십에 결정적 영향을 미친다. 권한부여자의 동기가 리더가 수행하는 과업과 일치될 때 필요한 지원을 받을 수 있다. 또한 권한부여자의 역량과 리더에 대한 신뢰 역시 과업 달성에 중대한 요인으로 작용한다. 리더의 권력과 후계자의 관계도 과업의 성패에 큰 영향을 미친다. 구성원들의 동기와 역량, 리더와의 신뢰관계 역시 과업의 실행에 핵심적인 요소다.

또한 협력자가 과업의 목표를 함께 달성할 동기와 역량을 지니고 있는가, 리더를 신뢰하는가, 리더와 협력자 간의 바게닝파워(bargaining power)는 어떠한가에 따라 목표 달성 여부와 속도가 달라진다.

이와 함께 리더의 동기, 역량, 그리고 신뢰가 리더십의 발휘 정도를 판가름한다.

그러면 리더십캔버스를 활용하여 과업을 파악하고 리더행동을 계획해보자.

협력자	구성원	과업	리더	권력
협력자 동기	구성원 동기	조직 목적	리더 동기	권한부여자 동기
협력자 역량	구성원 역량	과업 목표	리더 역량	권한부여자 역량
협력자 신뢰		핵심 실행과제		권한부여자 신뢰
협력자 바게닝 파워	구성원 신뢰	핵심 자원	리더 신뢰	리더 권력과 후계자
리더행동				
협력자 리더행동	구성원 리더행동	과업 리더행동	리더 리더행동	권력 리더행동

파악

리더십캔버스에서 과업의 구성 요소는 조직 목적, 과업 목표, 핵심 실행과제, 핵심 자원, 그리고 과업에 대한 리더행동이다.

과업을 파악하려면 이들 구성 요소 외에 다른 요소도 필요하다. 권한부여자와 리더 자신의 동기도 함께 검토해야 한다. 조직 목적과 과업 목표가 권한부여자, 리더의 동기와 일치해야 하기 때문이다. 또한 과업의 실행 가능성 점검을 위해서는 구성원들의 역량, 동기, 신뢰 수준을 점검해야 한다.

과업 관련 리더행동 외에 다른 리더행동도 파악해야 하는데, 리더가 처한 상황에 따라 바뀔 수 있다. 예를 들어 과업 목표에 대해 권한부여자의 생각이 다를 경우 리더는 권한부여자의 동기를 과업 목표와 일치시키기 위한 행동을 점검해야 한다.

문제점 도출

현재의 과업을 파악했으면 리더행동을 계획하기에 앞서 다음의 체크리스트를 활용하여 과업의 문제점과 특징을 도출한다.

- 조직의 목적에 과업이 부합하는가?
- 과업 목표가 명확한가?
- 실행 가능한 방법이 존재하는가?
- 과업 목표를 조직이 달성해낼 수 있는가?
- 기타 문제점은 무엇인가?

체크리스트를 통하면 당면하고 있는 과업의 특징이나 문제점이 무엇인지 알 수 있다. 그에 따라 점검해나가면 자신의 과업이 다음의 8가지 과업 중 하나 또는 복합적 성격을 가진 과업임을 발견할 것이다.

- 잘 구조화되어 있는 과업
- 조직 목적과 과업 목표가 일치하지 않는 과업
- 조직 목적에 과업 목표가 일치하나, 도전성과 효과성이 떨어지는 과업
- 모호한 목표를 가진 과업
- 모순된 목표들을 포함하고 있고, 우선순위가 명확하지 않은 과업
- 이해와 가치가 첨예하게 충돌하는 과업
- 실행할 방법이 마땅치 않은 거의 불가능한 과업
- 조직의 실행이 용이하지 않은 과업

아무런 문제가 없는, 잘 구조화되어 있는 과업을 만난 리더는 행운아다. 하지만 세상에 그런 과업은 거의 없다. 대부분의 과업은 한 가지 특징만 띠지 않고 특징과 문제점을 복합적으로 갖는 경우가 많다.

리더행동 계획
발견한 과업의 특징에 따라 리더는 적합한 리더행동을 결정하고 실행한다.

- 혁신가 리더행동

실행이 거의 불가능한 과업을 대상으로 한 행동

- 조정자 리더행동

이해와 가치가 첨예하게 충돌하는 과업을 대상으로 한 행동

- 전략가 리더행동

조직 목적과 과업 목표가 일치하지 않는 과업, 조직 목적에 과업 목표가 일치하지만 도전성과 효과성이 떨어지는 과업, 모호한 목표를 가진 과업, 모순된 목표들을 포함하고 있는 과업, 우선순위가 명확하지 않은 과업에 대한 행동

- 관리자 리더행동

조직의 실행이 용이하지 않은 과업에 대한 행동

여러 특징을 복합적으로 갖고 있는 과업의 문제를 풀어내려면 특정한 리더행동만으로는 어렵다. 다른 리더행동도 복합적으로 처방해야 한다. 예를 들어 조직의 실행이 어려운 과업의 경우에는 구성원들의 역량을 높이고자 하는 행동이나 자체적인 실행을 포기하고 협력자의 도움을 받는 행동 등을 계획할 수 있어야 한다.

INITIATE
INITIATE

2부

조직을 움직이는 힘

-'권력'을 활용하는 리더의 행동

권력

리더라고 해서 리드할 수 있는 것은 아니다.
튼튼한 힘이 뒷받침되지 않으면 조직을 움직일 수 없다.
권력이 있다고 해서 구성원들이 따르게 할 수 있는 것도
아니다. 힘을 온전히 그리고 바르게 사용할 때
리더십이 살아 움직인다.

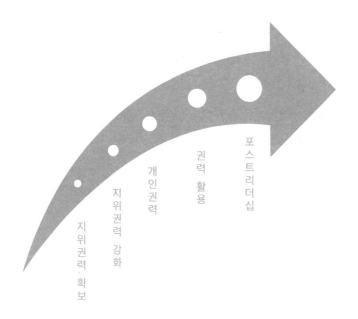

지위권력·확보 지위권력 강화 개인권력 권력 활용 포스트리더십

성과를 낼 수 있는 힘은 권력에서 나온다. 리더의 전략, 의사결정, 자원 동원, 지시, 평가, 보상, 상벌, 동기부여, 인사 등 리더의 모든 행동을 뒷받침하는 것이 권력이다.

과업의 완수 과정은 필요한 권력을 확보하고 유지하고 강화하는 과정이기도 하다. 또한 권력을 제대로 활용하고 분담하여 조직이 살아 움직이게 만드는 과정이다.

그런데 권력을 주어지는 것으로 이해하는 리더가 많다. 권력을 확보하고 유지하는 행동을 제대로 취하지 않아 필요한 힘을 갖지 못한 소극적 리더나 게으른 리더가 그렇다.

자신의 권력을 제대로 행사하지 못하는 소심한 리더도 있다. 뛰어난 지식과 실행력을 갖추었다 해도 필요한 권력을 확보하지도, 제대로 활용하지도 못하는 리더들은 필연적으로 실패를 겪게 된다. 권력을 다루지 못하는 리더는 리더가 아니라 팔로워다.

리더와 팔로워의 차이는 명확하다. 팔로워는 권력을 경원시하고 리더는 기꺼이 권력을 가까이한다. 팔로워는 권력을 모르지만, 리더는 권력을 확보하고 활용하는 것이 자신의 일임을 알고 적극적으로 행동한다.

05
지위권력을 확보하다

나는 싫어하는 사람을 승진시키는 걸 주저하지
않았다. 오히려 정말 뭐가 사실인지를 말하는
반항적이고 고집 센, 거의 참을 수 없는
타입의 사람들을 항상 고대했다.
만약 우리에게 그런 사람들이 충분히 많고
우리에게 이들을 참아낼 인내가 있다면
그 기업에 한계란 없다.
- 토머스 왓슨, IBM 창업자 -

리더는 누가 되는가?

"리더가 되고 싶어요."

"현재도 한 조직의 리더이지만 더 큰 조직의 리더가 되고 싶어요."

리더십에 관심을 갖는 이유가 뭐냐고 물어보면 흔히 듣게 되는 답변들이다. 리더가 되고 싶다는 것이다. 리더가 되어 조직의 문제들을 해결하여 발전을 이끌고 싶어 한다. 구성원들이 보다 행복하게 일하며 살아가도록 돕고 싶다는 선한 욕망이 마음속에 꿈틀거리기 때문이다.

자신의 성장 역시 기대한다. 리더가 되면 지금보다 더 많은 힘을 가질 수 있다. 돈, 명예, 성취감이 커진다. 이와 같은 성장에 대한 욕구를 리더가 되어 실현하고자 한다.

"권한부여자의 마음이지요"

"어떻게 하면 팀장으로 승진할 수 있을까요? 권한부여자는 어떤 사람을 리더로 뽑을까요?"

홍 과장이 찾아와 물었다.

"조직이나 권한부여자마다 원칙이 달라. 원칙이 없는 경우도 많고. 자네가 다니는 회사는 성과를 명확히 측정할 수 있으니 성과를 중심으로 승진을 시키겠지. 하지만 꼭 그렇진 않아."

권한부여자는 어떤 사람을 리더로 뽑으려 할까? 실적이 뛰어난 사람일까? 호감이 가는 사람일까? 개인적인 친분이 두터운 사람일까? 멋진 리더십스타일을 지닌 사람일까?

나는 이런 질문을 하는 사람들에게 실제 경험에 기초한 이야기를 들려준다.

"정해진 답은 없어요. 권한부여자의 마음에 달려 있지요. 권한부여자가 항상 이성적 판단을 하는 건 아니에요. 뽑고 싶은 사람을 뽑는 겁니다. 이유는 천차만별입니다. 먼저 뽑고 나서 명분을 만드는 경우도 많습니다. 그렇다고 실망하진 마세요. 한 가지 분명한 점은 있으니까요. 권한부여자의 이해관계와 그의 선택이 맞물린다는 거지요. 즉, 권한부여자가 생각하는 조직의 목적을 달성하는 데 기여할 수 있는가가 관건입니다. 후보자의 가능성이 클수록 권한부여자의 선택을 받을 확률이 올라가지요."

제대로 된 권한부여자는 목표에 대해 후보자와 자신의 생각이 일치하는가를 점검하고, 실행 가능성을 평가한다. 이를 달성할 수 있는 자세와 역량, 리더십을 보유하고 있는가를 보고 선택한다. 보통 권한부여자에게 이러한 요소들을 어필하면 리더가 될 수 있다.

홍 과장은 팀장이 되기에 충분한 역량을 갖고 있었다. 또 그에 걸맞은 성과도 창출했다. 흔히 전통적인 조직에서 고려하는 연공서열에서도 기존의 팀장들에 비해 이른 편이 아니었다. 무엇보다 그는 구성원들의 존경과 지지를 받고 있었다.

"역시 중요한 것은 조직의 방향과 저를 일치시키는 거군요. 목표를 제가 잘 알고 저의 생각과도 일치합니다. 제가 해온 일을 계속 열심히 해나가면 될 것 같습니다."

홍 과장은 자신 있게 말했다.

"좋아. 근데 최대한 빨리 승진하고 싶은 것 아닌가? 그렇다면 그것만 가지고는 안 돼."

나는 권한부여자에게 구체적으로 솔직하게 물어보라고 조언했다.

"'팀장이 되어 더 큰 성과를 내고 싶은데 제게 부족한 것이 무엇인지 알려주시면 감사하겠습니다' 말하고 그의 말을 잘 들어봐. 자네가 생각하는 방향과 그가 생각하는 방향이 다를 수도 있어. 과업 외에 다른 이야기를 할 수도 있고."

고개를 끄덕이는 그에게 한 가지를 더 말했다.

"만약 그런 노력을 기울였는데도 올해나 내년에 팀장으로 승진하지 못할 수도 있을 거야. 그러면 그때 어떻게 생각할 것인지도 미리 생각해봐."

리더가 되기 위한 노력, 그럼에도 불구하고…

홍 과장의 경우에서 보듯 필요한 권력을 가지려면 권한부여자의 선택을 받아야 한다.

리더들은 대부분 공식적으로 선출되거나 임명된다. 대통령부터 지방자치단체장, 국회의원은 투표로 선출된다. 노동조합이나 협동조합 등에서도 조합원 투표를 통해 리더가 선출된다. 리더는 유권자들에게 자신의 비전과 이루려는 과업, 즉 공약을 제시하고, 유권자들은 각자의 기준에 따라 리더를 선택한다.

임명된 리더는 무수히 많다. 공공의 영역인 중앙정부에서는 대통령이 국무총리, 장관을 임명하고, 각 부처에서 임명된 공공기관장은 다시 산하조직의 리더들을 임명한다. 지방정부도 마찬가지다. 민간 영역인 주식회사에서는 주주가 이사회를 구성하고 이사를 임명한다. 이사들은 다시 CEO를 임명하고, CEO는 부문장, 실장, 본부장, 팀장 등을 임명한다.

공공과 민간 가릴 것 없이 임명된 리더들은 조직의 리더이자 자신을 임명한 리더의 팔로워가 된다.

선출되거나 임명되지 않은 리더들도 있다. 스스로 조직을 만들거나 창업하여 대표이사가 된 이들이다. 한편 공식적이지 않지만 실질적으로 리더의 역할을 수행하는 비공식적 리더도 있다.

지위권력을 확보하는 확실한 방법

리더는 권한부여자의 선택을 받아 리더가 된다. 권한부여자가 리더를 선택하여 지위를 부여한다. 투표 등을 통해 선출된 리더의 권한부여자는 유권자들이고, 임명된 리더의 권한부여자는 임명권자들이다. 리더에게 가장 중요한 사람이다.

홍 과장은 나의 조언에 따라 노력했다. 하지만 2년이 지나서야 승진했다. 찾아온 그에게 위로와 축하의 말을 건네니 그가 말했다.

"지난 2년간 승진에서 물먹을 때마다 선배님 이야기를 떠올렸습니다. 그러면 이상하게도 마음이 편해졌습니다. 승진이 안 되면 어떻게 생각할 것이냐는 질문 말입니다."

노력을 다했지만 권한부여자의 선택을 받지 못할 때가 있다. 홍 과장의 경우처럼 기대보다 늦은 선택을 받을 수도 있고, 영영 받지 못할 수도 있다.

다시 말하지만 제대로 된 권한부여자는 자신의 동기를 만족시킬 수 있는 사람을 리더로 선택한다. 자신의 생각과 후보자의 생각이 일치하는지를 보고, 조직의 목적과 과업을 이룰 수 있는 자세와 역량을 갖추고 있는지를 확인한다. 따라서 리더가 되려면 권한부여자가 원하는 것을 해낼 수 있는 실행력을 입증해야 한다. 권한부여자의 지지를 받아 지위권력을 확보하는 가장 확실한 방법이다.

그런데 선택을 받지 못했을 땐 어떻게 해야 할까? 어떤 생각을 가져야 할까?

선택받지 못했을 때 가져야 할 것

홍 과장은 나름의 노력에도 불구하고 2년 동안 승진을 하지 못했다. 이럴 땐 어떻게 하는 것이 최선일까?

리더로 선택되지 못했을 때 제일 먼저 해야 할 일은 스스로를 점검해보는 것이다. 자기 성찰을 통해 부족한 리더행동을 점검하고 개선해야 한다.

하지만 리더로서의 역량과 자세를 갖추었음에도 불구하고 선택을 받지 못하는 경우 역시 비일비재하다. 발탁의 기회가 없거나 경쟁자가 나보다 더 뛰어날 때가 첫 번째 경우다. 별로 고민할 필요가 없다. 현실을 인정하고 받아들여야 한다.

문제는 기회도 있고 다른 경쟁자보다 내가 더 뛰어난 경우다. 홍 과장은 팀장으로 승진할 만한 자격을 갖추었고, 그가 원하는 자리도 비어 있었다. 경쟁자가 있었지만 실적이나 역량 면에서 홍 과장의 상대가 아니었다. 그렇지만 2년이 지난 다음에야 자신이 원하는 위치에 오를 수 있었다. 왜 그랬을까?

답은 단 하나다. 권한부여자의 마음이다. 그가 홍 과장을 리더로 선택하기를 꺼려했을 뿐이다. 권한부여자의 설명은 여럿일 수 있지만 답은 그뿐이다.

"만약 그런 노력을 기울였는데도 올해나 내년에 팀장으로 승진하지 못할 수도 있을 거야. 그러면 그때 어떻게 생각할 것인지도 미리 생각해봐."

당시에 내가 홍 과장에게 해준 조언은 그가 승진할 가능성이 없어서가 아니었다. 내가 보기에도 사업팀의 팀장으로서 그는 거의 유일한 대안이었다. 그럼에도 그렇게 조언한 이유는 실제로 종종 벌어지는 일이기 때문이다. 이런 경우에 어떻게 하면 좋을까?

중요한 것은 선택을 받지 않은 것이 아니라 선택을 받지 못했을 때 어떻게 생각하고 행동할 것인가다.

절대 자책하지 마라

선택을 받지 못했다고 해서 분노하지 마라. 그냥 받아들이는 것이 좋다. 세상은 불합리하다. 공평하지 않다. 권한부여자가 불합리하고 불공평한 결정을 내렸다고 해서 일일이 대응할 필요가 있는가? 게다가 이미 벌어진 일일 뿐이다.

절대 자책하지 마라. 자책하지 않는 것이 가장 중요하다. 리더가 되지 못한 것은 나의 문제가 아니다. 권한부여자가 옳은 결정을 하지 않은 것이다. 자책하지 말고 묵묵히 자신의 리더행동을 더욱 강화해나가라. 그리하여 압도적인 역량을 갖춰라.

리더로 선택받지 못한 인재들이 자신의 존재를 알리려고 애쓰는 경우를 종종 본다. 필요한 일이지만 그리 중요하지 않다. 뛰어난 리더십을 갖춘 사람을 찾기란 정말 어렵다. 만약 당신이 그런 사람이라면 쉽게 눈에 띈다. 기회는 널려 있다. 리더로 선택받지 못한 시간을 자신의 리더십을 키우는 데 집중해야 하는 이유다.

본 게임의 시작

"잘 됐네. 그런데 해줄 이야기가 하나 있어. 이제부터 본 게임의 시작이야."

나는 승진에 기뻐하는 홍 팀장에게 이렇게 말했다.

권한부여자의 지지를 받아 원하는 자리에 올라갔지만, 리더에게는 첫 번째 단계일 뿐이다. 작은 부분일 뿐이다. 그다음에는 확보한 권력을 유지하고 강화하고 잘 활용해야 한다. 이를 간과하여 실패하는 리더들이 꽤 많다.

지위권력 확보 리더행동 점검 질문

① 지위권력이 무엇인지 어떻게 지위를 확보하는지 이해하고 있는 가?

② 내가 원하는 지위에 나는 적합한가?

③ 나는 조직이 원하는 방향에 공감하는가?

④ 나는 조직이 원하는 목표를 달성할 수 있는가?

⑤ 나보다 나은 경쟁자는 없는가?

⑥ 나의 권한부여자가 누구인지 알고 있는가?

⑦ 권한부여자는 나의 자세와 역량을 충분히 알고 있는가?

⑧ 권한부여자는 나를 선택할 것인가?

⑨ 권한부여자 외에 나의 지위권력 확보에 영향을 줄 사람이 누구 인지 알고 있는가? 그들은 나의 자세와 역량을 잘 알고 있는가?

⑩ 내가 원하는 지위를 얻는 것에 구성원과 동료는 지지할 것인가?

06

지위권력을 강화하다

모든 권력은 붕괴하며,
절대 권력은 절대적으로 붕괴한다.
- 존 댈버그 액턴, 영국 정치가 -

해임당했습니다

"어이가 없습니다. 저는 공공기관 대표로 취임해서 성과를 냈습니다. 경영성과 평가에서 계속 우수 평가를 받았고, 구성원들의 청렴도와 사기도 높습니다. 그런데 인사권자가 저를 해임했습니다."

"해임한 이유가 있나요? 민간기업도 아니고 공공기관장을 해임하는 것은 규정에 따라야 하는데요."

"그 이유라는 것이 참 황당합니다. 제가 업무에 태만했고 직원들 관리를 소홀히 하여 조직의 명예를 실추시켰다는 겁니다."

"내용을 보니 업무 태만은 점심시간을 여러 번 어겼다는 거네요. 1시까지 점심시간인데 1시가 지나서도 식사를 하고 법인카드 결제를 했다는 거군요. 관리 소홀은 몇 명의 직원이 근무시간에 개인적인 투자와 게임을 하다가 적발된 거고요. 직원은 몇 명입니까?"

"500명이 넘습니다."

"혹시 개인 비리 같은 것은 없습니까?"

"전혀 없습니다. 청탁이 들어오면 하나도 들어주지 않았습니다."

"이런 정도의 이유로 책임을 져야 한다면 우리나라 공공기관장들은 모두 사퇴해야 할 것 같습니다. 대표님은 어떻게 대응하셨습니까?"

"소명서도 제출하고 재심도 신청했습니다."

막 해임된 공공기관의 대표와 나눈 대화다. 그는 과업을 제대로 수행하고 있었고, 경영 평가도 우수했다. 그런 기관장을 왜 해임했을까?

나는 납득이 되지 않았다. 과업에 대한 이견이나 소통에 문제가 있었는지 알아보았으나 발견할 수 없었다. 만약 문제가 있었다면 해임 사유로 제시했을 텐데 그렇지 않았다.

권한부여자가 개입하는 몇 가지 이유

리더가 권한부여자의 선택을 받아 권력을 확보한 것은 시작에 지나지 않는다. 자신의 권력을 유지하고 강화해야 한다.

권한부여자와 리더 사이에서는 크고 작은 갈등이 끊임없이 생긴다. 권한부여자가 이유 없이 리더의 권한을 침해하기도 한다. 권한을 부여해놓고 제대로 지켜주지 않는 것이다. 인사권의 침해도 흔하다.

권한부여자는 리더를 선임하고 나서 자신의 선택이 옳은 결정이었는지 수시로 확인한다. 리더가 과업에 대한 약속을 지키고 있는지, 목표를 향해 가고 있는지 시시때때로 점검한다. 만약 제대로 이루어지지 않는 것 같으면 실망하고 개입한다.

과업 목표를 둘러싼 갈등은 다반사로 일어난다. 상황이 달라지면 과업에 변화가 필요한데, 이때 권한부여자와 리더의 생각이 다를 경우 불협화음이 난다. 과업에 대한 권한부여자의 생각이 바뀌는 경우도 있다. 처음에는 서로 동의했지만 중간에 달라지는 것이다. 권한부여자가 과업에 대해 태클을 거는 경우는 아주 많다.

서로 동의한 방향으로 잘 가고 있어도 개입할 때가 있다. 원인은 한둘이 아니다. 권한부여자가 리더를 질투할 수도 있고, 누군가가 권한부여자의 개입을 부추길 수도 있다. 리더의 자리를 노리는 동료나 직원이 뒤에서 은밀하게 음해하기도 한다. 현실에서 잘 벌어지지 않는 일이라고 일축하면 안 된다. 알게 모르게 적잖이 벌어진다. 심지어 이 공공기관장의 사례처럼 원인이 명확하지 않은 경우도 있다.

리더에 대한 불만이나 실망은 권한부여자의 행동으로 이어진다. 리더의 일에 개입하고 권력을 축소시킨다. 리더에게는 치명적인 일이다. 자연히 구성원들에 대한 장악력도 취약해진다.

권한부여자가 리더를 중도에 끌어내리기도 한다. 해임이나 탄핵을 시키는 것이다. 리더는 임기를 채우기 못하고 떠나야 한다. 리더가 애착을 가지고 추진한 과업은 중도에 폐기될 가능성이 높다. 이 공공기관 대표처럼 말이다.

위기에 처한 리더는 어떻게 해야 할까?

자리를 위협받는 리더가 할 수 있는 일

"앞으로 어떻게 하시겠습니까?"

해임을 당한 공공기관의 대표에게 물었다.

자리에서 물러나야 하는 상황에 처했을 때 리더가 할 수 있는 선택은 4가지다. 권한부여자를 설득하거나, 그의 의사를 철저히 따르거나, 그대로 사임 또는 해임을 당하거나, 아니면 내외부의 지지를 얻어 문제를 해결하는 것이다.

"처음에는 인사권을 가지고 있는 권한부여자의 의사결정이기 때문에 억울하지만 받아들여야 한다는 생각을 했습니다. 하지만 제가 해온일들이 눈에 밟힙니다. 제가 떠나면 제대로 추진될 수 있을까 걱정입니다. 제게 권한을 준 사람에 대해서도 다시 생각해보았습니다. 직접적인 권한부여자는 인사권자이지만 실제 권한부여자는 시민과 국민들이지 않겠습니까? 과업을 계속 수행해나갈 수 있는 방법을 찾는 것이 제가 할 일이라고 생각합니다."

대표는 법원에 '해임처분취소 소송'과 '해임효력정지가처분 신청'을 제출했다. 그리고 법원은 해임효력정지가처분 신청을 받아들였고, 그는 업무에 복귀하여 자신의 과업을 이어나갈 수 있었다. 그리고 얼마후 그는 법원으로부터 '해임처분을 취소한다'는 판결을 받았다.

대표는 권한부여자의 부당한 결정에 맞서 법원의 판결, 즉 외부의 지지를 확보하여 자신의 위치를 지켰다. 직접적인 권한부여자의 결정보다는 근원적인 권한부여자인 시민들을 위해 계속 봉사해야겠다는 자신의 생각을 관철시킨 것이다.

그는 자신의 권한을 유지하기 위해 최선을 다했고, 복귀한 후에는 시민과 국민을 위해 그 권한을 적극적으로 행사하여 그가 당초 약속한 과업을 성공시켰다. 그러고 나서 이룩한 성과에 대한 호평과 함께 구성원들의 박수를 받으며 명예롭게 퇴임했다.

권력을 유지하는 최선의 방책

리더는 과업을 끝까지 달성하기 위해 자신의 권력을 유지하고 강화해야 한다. 이를 위해 권한부여자의 협력을 지속적으로 견인해내야 한다. 하지만 권한부여자의 실망이나 변심, 개입을 통해 권력이 약화되거나 해임되는 사례들은 현실에서 무수히 발생한다.

수시로 확인시켜라

어떤 이유로든 리더가 자리를 위협받았을 때 취할 수 있는 선택은 앞에서 말한 4가지다. 하지만 최선은 그러한 일이 발생하지 않도록 방지하는 것이다. 리더는 권한부여자에게 과업이 합의된 방향으로 진행되고 있음을 끊임없이 확인시켜줘야 한다. 권한부여자의 동기를 리더의 과업과 일치시켜 리더의 권력을 위한 협력을 이끌어내는 것이다.

리더는 권한부여자에게 거둔 성과를 보고하고, 성과가 나지 않으면 솔직하게 털어놓고 상의해야 한다. 과업의 변화가 필요하다면 함께 논의해서 결정해야 한다. 이 과정에서 권한부여자의 동기와 과업을 재확인하여 조정해야 하고, 업무적 신뢰와 인간적 신뢰를 쌓아야 한다.

권한부여자에게 아부하라는 말이 아니다. 어떤 경우에도 신뢰 형성은 과업을 성공시키기 위해 매우 중요하다. 리더의 권력을 유지하고 강화하는 행동 또한 신뢰가 뒷받침되어야 한다. 신뢰 없이 이룰 수 있는 일은 아무것도 없다.

갈등이 폭발했을 때 살펴야 할 2가지

리더의 온갖 노력에도 불구하고 갈등은 다양한 요인들로 인해 언제든 갑자기 폭발할 수 있다. 이때는 어떻게 해야 할까?

어떤 선택과 행동을 취하기 전에 반드시 짚어봐야 할 것이 있다.

먼저, 리더의 동기다. 자신의 동기를 명확하게 판단해보고 그것에 따라야 한다. 과업에 대한 권한부여자의 생각이 나의 동기와 다를 때 자리에 연연해서는 안 된다. 그를 설득하든지, 따르든지, 아니면 스스로 물러나야 한다.

과업의 큰 방향에 문제가 없다면 공공기관 대표와 같은 의사결정을 할 수도 있다. 대표는 해임 조치가 내려졌을 때 과업을 생각했다. 해임의 원인은 과업의 문제가 아니었고, 그는 시민과 국민을 위해 과업을 완수하는 것이 자신의 동기임을 확신하고 그에 따랐다. 그리고 법원의 도움을 받아 권한을 유지하여 꿋꿋이 과업을 달성하고 명예롭게 퇴임했다.

다음은 누가 근원적 권한부여자인지 생각해볼 필요가 있다. 팀장이라면 직접적 상사인 본부장을 넘어 대표이사가 근원적 권한부여자이지만, 보다 근원적으로는 고객이라고 볼 수 있다. 공공기관에서는 시민과 국민이 근원적 권한부여자다. 대표는 이들을 함께 고려하여 판단하고 결정함으로써 직접적 권한부여자의 해임에 맞서 이길 수 있었다.

지위권력 강화 리더행동 점검 질문

1. 과업을 달성하는 데 필요한 의사결정, 인사, 평가, 상벌, 자원 확보 등을 해나갈 수 있는 권한은 충분한가?
2. 권한이 부족하다면 권한부여자로부터 지원을 받기 위해 노력하고 있는가? 지원을 확보하지 못할 경우에 대비한 과업 조정 등 대안을 가지고 있는가?
3. 권한부여자의 동기를 잘 파악하고 있는가?
4. 권한부여자와 나는 서로 신뢰하는가?
5. 권한부여자는 나의 과업 수행에 만족하고 지지하는가?
6. 권한부여자는 과업 달성에 필요한 권한과 시간을 계속 지원해줄 것인가?
7. 권한부여자와 갈등 중이라면 해결하기 위해 노력하고 있는가?
8. 구성원들은 나의 노력을 공감하고 지지하는가?

07

개인권력을 축적하다

성공적인 리더십의 열쇠는
권위가 아니라 영향력이다
- 켄 블랜차드, 미국 경영 컨설턴트 -

팀원들이 말을 듣지 않아요

"예상했던 것보다 텃세가 훨씬 더 심합니다. 저는 무늬만 팀장일 뿐 하는 일은 팀원들 눈치보는 것입니다. 명색이 조직의 장인데 할 수 있는 게 거의 없어요. 팀원들이 제 말을 듣지 않고 동료들의 의견을 더 존중합니다. 제가 리더가 아니라 팔로워가 된 것 같습니다."

평소 친하게 지내던 고향 후배가 찾아와 고민을 털어놓았다.

재무 전문가인 그는 학교를 졸업하고 증권회사에 입사해서 오랫동안 애널리스트로 활동했고, 팀장으로 승진해서 좋은 성과를 내고 있었다. 그런데 장래가 보장된 증권회사를 그만두고 얼마 전 전자제품 제조업체로 이직을 했다. 기업을 분석하기보다 직접 제품을 만들어 판매하고 싶었기 때문이다.

"더 나이가 들면 시도해볼 기회가 없을 것 같습니다. 리스크도 많이 있겠지만 제가 어떻게 하느냐에 달려 있지 않겠습니까? 사정이 어려워지면 그때 좀 도와주십시오."

그는 만류하는 상사와 동료들에게 이렇게 말하고 이직했다.

재무부서의 팀장으로 자리를 잡은 그는 회사의 비즈니스에 적응하고 나서 현장으로 옮기겠다는 계획을 가지고 있었다.

쉽지 않은 소프트 랜딩

고충을 털어놓는 문 팀장의 이야기를 한참 듣고 나서 내가 말했다.

"다른 조직에 리더로 들어가서 안착하는 것은 어려운 일이야. 굴러 들어온 돌을 좋아하는 조직은 별로 없거든. 그런데 그걸 모르고 이직을 한 건 아니지 않은가? 들어간 지 6개월 정도밖에 되지 않았는데 실망하기엔 너무 이르지 않아?"

같은 조직에서 승진한 리더와 다른 조직에서 온 리더가 안착하는 것은 천양지차다. 외부에서 온 리더는 온갖 텃세와 견제 등으로 많은 어려움을 겪게 된다.

나는 조직을 이끌면서 외부에서 중간 리더들을 영입한 경우가 많았다. 그때마다 고민한 것이 '이들의 소프트 랜딩(soft landing)을 어떻게 도울 것인가?'였다.

"자네 상사인 CFO는 상황을 알고 있나? 당연히 소프트 랜딩을 돕기 위한 노력을 하고 있을 텐데."

문 팀장이 들어간 전자회사는 굴지의 대기업으로 관리 역량이 뛰어나다는 평가를 받았다. 외부에서 영입한 리더를 관리한 경험도 많을 터였다. 문 팀장처럼 새로운 리더가 제대로 조직에 안착할 수 있게 효과적인 지원을 하고 있을 것이었다.

"그런 프로그램이 있습니다. CFO도 저와 주기적으로 면담을 합니다. 하지만 그것만 가지고는 해결되지 않을 것 같습니다. 팀 내의 크고 작은 일들을 일일이 도와달라고 할 수도 없지 않습니까? 제가 해결해야 하는데 어떻게 해야 할지 모르겠습니다."

경찰관 조지 오웰은 쏘고 싶지 않았다

"종종 발생하는 일이지. 쉽지 않은 문제지만 해결책도 있을 테니 너무 걱정하진 말게."

그를 다독이며 오래된 이야기를 들려주었다. 영국 소설가 조지 오웰이 직접 경험한 내용을 담아 1936년 에세이로 발표한 《코끼리를 쏘다》(이재경 옮김)에 나오는 이야기였다.

영국의 통치를 받고 있던 버마(현 미얀마)에서 어느 날 길들인 코끼리 한 마리가 사슬을 끊고 저잣거리를 돌아다니며 온갖 행패를 부렸다. 아주 유순한 코끼리였는데, 발정기가 온 것이었다.

사육사가 찾아 나섰지만 방향을 잘못 잡아 엉뚱한 곳으로 멀리 가있었다. 경찰관인 조지 오웰은 주민의 신고를 받고 현장으로 달려갔다. 도착했을 땐 이미 인도인 막노동꾼 한 명이 사망한 상태였다. 그는 죽은 남자를 보자마자 코끼리 사냥용 총을 가져오게 했다. 코끼리를 쏘려는 게 아니라 유사시에 호신용으로 쓰기 위해서였다.

코끼리를 찾아 나서는 조지 오웰의 뒤로 구경꾼들이 점점 불어났다. 얼마나 지났을까? 마침내 발견된 코끼리는 평화롭게 풀을 뜯고 있었다. 발정기의 난동은 이미 끝난 상태였다.

한동안 코끼리를 지켜보던 조지 오웰은 다시 흉포해질 낌새가 없는 걸 확인하고는 그만 돌아가기로 했다. 그런데 구경꾼들의 생각은 달랐다. 그들은 그가 코끼리에게 총을 쏠 것이라고 믿는 것 같았다. 2,000명이 넘는 구경꾼들의 의지가 그를 떠밀었다. 거역할 수 없는 힘이었다. 문득 그는 코끼리를 쏠 수밖에 없음을 깨달았다.

그래도 그는 코끼리를 쏘고 싶지 않았다. 게다가 사람이 부리는 코끼리를 죽이는 것은 불가피한 상황이 아니라면 하지 말아야 할 일이었다. 그래서 코끼리의 행동을 떠보기로 했다. 녀석이 달려들 경우 총을 쏘면 그만이고, 얌전히 있으면 사육사가 올 때까지 그냥 둬도 될 일이었다.

하지만 그럴 수가 없었다. 계속해서 따갑게 지켜보는 군중을 무시할 수 없었다. 연극의 주인공이 관객들의 뜻에 맞추어 휘둘리는 우스꽝스러운 꼭두각시가 되어버렸다. 그는 탄창에 탄약을 집어넣고 세 번 총을 발사했다. 그리고 죽어가는 코끼리를 뒤로하고 그 자리를 떠났다.

조지 오웰은 젊은 시절에 겪은 이 사건을 통해 영국이 버마를 지배하는 것이 아니라 제국주의 권력을 지키기 위해 버마인들의 지배를 당하고 있다는 것을 깨달았다고 고백했다. 자신의 뜻을 지킬 수 있는 지위권력(position power)을 갖고 있음에도 군중의 심리에 눌려 총을 쏘아버린 것처럼 말이다.

'진짜' 권력을 얻기 위한 문 팀장의 노력

나는 문 팀장에게 이야기를 들려주면서 구성원들의 지지가 없는 리더의 지위권력이 얼마나 허망한지를 설명했다.

"문 팀장도 조지 오웰의 경우와 닮았어. 조금 심하게 말하면 무늬만 리더인 게 맞아. 팀장으로서의 지위권력을 갖고 있지만 팀원들에게 자신의 생각을 관철시키지 못하고 있으니까. 이 문제를 해결하지 않으면 문 팀장이 원치 않는 방향으로 팀이 굴러갈 수 있어. 유일한 답은 팀원들의 지지와 신뢰를 확보하는 거야."

문 팀장은 팀원들의 지지를 얻기 위한 노력을 기울였다. 서두르지 않고 겸손한 자세로 경청하고 토론하며 의사결정을 해나갔다. 팀장으로서 자신의 역량을 보여주는 일에도 신경을 썼다. 증권회사에서 쌓은 전자산업에 대한 전문지식과 식견을 바탕으로 미래 트렌드를 예측해서 공유하는 한편 세미나 등을 통해 팀원들의 역량을 키워나갔다. 팀 내의 문제점들도 하나씩 개선해나갔다. 점점 나아지는 조직을 피부로 느낀 팀원들이 신뢰를 보내기 시작했다.

몇 개월이 흘렀을까? 다시 만난 자리에서 문 팀장이 말했다.

"이제 권력이 무엇인지 조금 알 것 같습니다. 아직 갈 길이 멀지만 팀원들의 지지가 쌓여가는 것을 느낍니다."

문 팀장은 이후에도 간간이 소식을 전해왔다. 증권 애널리스트로서 축적한 그의 지식과 역량이 회사에 큰 도움이 되고 있었다. 최근에는 글로벌 전자회사에 대한 정보와 경쟁력 분석, 기업의 가치를 제고하기 위한 기획안이 회사의 최고 경영회의에서 채택되어 큰 보람과 기쁨을 느꼈다고 했다. 무엇보다 자신이 리더십을 발휘할 때 구성원들이 적극적으로 따라주고 있어 과업을 수행하는 데 큰 힘이 되고 있다고 기뻐했다.

약화되는 권력

리더십은 권력을 기반으로 한다. 따라서 리더는 자신의 권력이 어느 정도인지 파악할 수 있어야 한다.

권력이라고 하면 대부분 지위권력을 떠올린다. 투표나 임명을 통해 얻게 된 지위에서 리더의 권력이 시작되기 때문이다. 리더가 되면 인력과 금전 같은 자원을 움직일 수 있는 인사권, 예산권, 그리고 의사결정권, 상벌권을 쥐게 된다. 리더는 이러한 권력을 바탕으로 결정하고, 지시하고, 평가하고, 보상하며, 벌칙을 내린다. 또한 조직을 설계하고 개편하고 역할을 분담하고 권력을 나누어준다. 리더는 이렇게 부여받은 지위를 통해 과업을 달성하기 위한 일들을 해나간다.

하지만 권력은 지위에 따른 명시적인 부분만으로는 부족하다.

피로를 호소하는 리더들

문 팀장처럼 기반이 없는 상태에서 새로이 조직을 맡게 되는 경우 권력의 부족 문제를 겪곤 한다. 낯선 조직을 이끌어야 하는 리더뿐만 아니라 다른 리더들도 비슷한 문제에 봉착하는 경우가 많다.

권력의 약화는 한편으로 시대의 조류이기도 하다. 빠르게 변화하는 디지털 시대를 맞아 구성원들의 영향력이 커지면서 리더의 권력이 약화되는 양상을 보인다. 정보의 통제와 독점은 권력의 중요한 원천이었다. 하지만 인터넷과 소셜미디어의 발전으로 정보는 필요한 사람이면 누구나 얻을 수 있게 되었다. 수많은 정보가 실시간으로 유통되고 쉽게 공유된다. 또한 공유 정보를 바탕으로 구성원들끼리 함께 토론하고 협력하여 결론을 도출할 수 있다. 굳이 리더에게 의존하지 않아도 되는 것이다.

권력을 독점하고 공고화하기 위해 세상의 정보들을 엄격히 통제했던 북아프리카와 아랍의 몇몇 지도자들은 스마트폰과 인터넷을 통한 정보 공유의 위력 앞에서 속절없이 무너지기도 했다. 그런가 하면 민주국가의 리더이면서도 각종 정보에 밝은 유권자들의 눈치를 살피느라 피로를 호소하는 경우도 꽤 있다.

약화되는 권력의 문제는 비단 국가 지도자들만의 것이 아니다. 민간과 공공의 크고 작은 조직들에서 어렵지 않게 찾아볼 수 있는 현상이다. 구성원들이 따라주지 않거나 극심히 반대하는 바람에 지위권력을 행사하지 못하고 실패하는 리더가 늘어나고 있다.

리더를 흔드는 비공식적 리더

리더의 지위권력을 흔드는 또 다른 존재는 비공식적 리더다. 공식적 지위는 없지만 사람들의 강력한 지지를 바탕으로 조직을 리드하며 공식적인 리더와 경쟁을 벌이기도 한다.

문 팀장의 조직에도 비공식적 리더가 있었다. 그는 문 팀장이 오지 않았다면 팀장으로 승진할 사람이었다. 성과와 역량이 뛰어났고 팀원들의 지지와 신뢰 또한 받고 있었다. 문 팀장에게는 고민거리가 아닐 수 없었다. 따라서 팀원들의 지지를 확보하려는 문 팀장의 노력에는 비공식적 리더의 지원을 이끌어내는 행동도 포함되어 있었다.

사실 비우호적일 수 있는 비공식적 리더의 지원을 받아내기란 아주 힘든 일이다. 하지만 문 팀장은 그가 이루려는 목표를 도와줌으로써 자신에 대한 적대적 행동을 불식시킬 수 있었고, 자신의 리더십을 발휘하는 데 협력을 얻어낼 수 있었다. 그는 연말 인사에서 팀장으로 승진하여 다른 팀을 이끌게 되었다.

권력의 완성은 개인권력 확보로부터

힘들어하는 리더들이 늘어나고 있다. 구성원들의 파워가 강해지는 데다 비공식적 리더와도 경쟁을 해야 하니 권력을 유지하기는커녕 사는 것조차 힘들다고 하소연하는 리더도 있다. 살펴보면 그들이 확보하지 못한 것이 있다. 바로 '개인권력(personal power)'이다.

개인권력은 구성원들과 권한부여자의 신뢰와 지지를 기반으로 리더의 공식적 권한을 행사하는 데 그들의 이해와 공감, 지지와 협력을 얻는 것이다. 지위권력에 더해 개인권력을 확보했을 때 비로소 권력이 완성된다.

조지 오웰과 문 팀장은 모두 지위권력을 가지고 있었으나 개인권력이 약해서 지위권력조차 행사하기 어려운 상황에 처했다. 하지만 문 팀장은 개인권력을 확보하려는 노력을 통해 한계를 극복하고 자신의 리더십을 발휘할 수 있었다.

어떻게 개인권력을 확보할 것인가?

미국의 심리학자 존 프렌치(John French)와 버트램 레이븐(Bertram Raven)은 〈사회적 권력의 기초〉라는 논문에서 권력의 기반을 보상적 권력, 강압적 권력, 합법적 권력, 전문적 권력, 준거적 권력 등 5가지로 나누어 제시했다. 이 가운데 보상적 권력, 강압적 권력, 합법적 권력은 지위권력과 관계가 깊고, 전문적 권력과 준거적 권력은 개인권력과 연결된다.

전문적 권력은 리더의 특별한 기술이나 전문지식에 대한 인정에서 나오는 권력이고, 준거적 권력은 리더가 추구하는 가치나 이념, 인간 존중에 대해 구성원들이 동조함으로써 얻게 되는 권력이다. 즉, 지위 로부터 얻어지는 권력이 아니다.

이런 전문적 권력과 준거적 권력을 개인권력의 기반으로 보는 주장이 많다. 나는 조금 다른 생각이다. 전문지식이나 가치관이 개인권력의 핵심 원천은 아니라는 것이다. 필요하지만 결정적인 요인은 아니다. 개인권력을 확보하는 핵심은 리더행동으로 구성원들의 신뢰를 얻는 것이다. 리더십을 발휘하여 성과를 낼 수 있음을 구성원과 동료, 상사에게 보여주는 것이다. 성과로 연결되는 리더행동을 적극적으로 해내어 성과 창출에 대한 희망과 믿음을 심어주어야 한다. 이것이 핵심이다.

전문지식은 구성원들의 지지를 받는 데 도움이 되지만 부차적이다. 전문성은 구성원들이나 외부의 도움으로 보완할 수도 있다. 가치관도 그렇다. 구성원들은 자신과 같은 가치관을 가진 리더에게 공감과 존경을 표할 수 있지만, 가치관은 사람마다 다르므로 모두를 만족시킬 수 없다. 리더십은 개인의 가치를 실현하는 것이 아니라 공동체의 문제를 해결하는 것이다. 구성원들이 리더에게 보내는 지지와 신뢰는 옳은 리더행동과 성과에서 나온다.

개인권력의 원천은 구성원, 동료, 권한부여자가 기대하는 과업을 성공시켜 조직을 발전시키는 리더십이다. 리더는 이를 증명해야 한다. 구성원들의 응원과 존경으로 개인권력을 확보하여 권력을 공고히 하고 과업을 성공시켜야 한다.

휘둘리는 리더, 휘두르는 리더

개인권력을 구축하는 데 실패한 리더들은 2가지의 길을 간다. 하나는 초기의 문 팀장이나 조지 오웰처럼 지위권력을 제대로 행사하지 못하고 구성원들로부터 휘둘리는 것이다. 다른 하나는 공포의 권력을 휘두르는 독재자가 되는 것이다. 지위권력을 극단적으로 활용하여 구성원들의 반발을 막고 자기 뜻대로 일을 해나간다. 독재적 리더의 길이다. 절대 가지 말아야 할 길이다. 당장은 어떤 성과를 낼지 모르지만 결국 조직을 와해시켜 모두를 불행하게 만든다. 그의 말로 역시 비참하다.

당신은 어떤 권력을 추구하는가? 구성원들의 지지와 신뢰를 얻고 지위권력에서 개인권력으로 확장하여 권력을 완성하고 조직을 발전적으로 이끄는 리더십을 발휘해야 할 것이다.

개인권력 리더행동 점검 질문

❶ 나의 권한 행사에 구성원들은 잘 따르는가? 나의 개인권력은 충분한가?

❷ 조직 내에 비공식적 리더가 있는가? 그는 협조적인가? 비협조적이라면 관계 개선을 위해 노력하고 있는가?

❸ 리더로서 나의 행동에 대해 구성원들은 지지하고 존중하는가?

❹ 개인권력에 문제가 있다면 이를 해결하기 위해 노력하고 있는가?

❺ 구성원들의 지지를 포기하고 독재를 하고 있지 않은가?

❻ 지지 확보를 위한 나의 노력에 구성원들은 공감하고 존중하는가?

08
포스트 리더십을 준비하다

리더로서의 능력은 개인적으로 이루어낸 성과나
재직하고 있는 동안에 그 팀이 이뤄낸 것으로 판단받지 않는다.
당신의 사람들과 조직이 당신이 없어진 후에도
잘해내고 있는가에 의해 측정된다.
- 존 맥스웰, 미국 리더십 전문가 -

싸이월드의 경쟁자, 페이스북의 상륙

한때 우리나라를 대표했던 소셜네트워크서비스(SNS) 싸이월드는 안타깝게도 글로벌 시장에서 힘을 써보지도 못하고 무너졌다. 모든 일이 흥망성쇠를 거듭하지만, 싸이월드가 보유한 근원적인 차별성과 글로벌 경쟁력을 고려할 때 무척 아쉬운 일이었다.

싸이월드는 2000년대 국내에서 SNS의 절대적 강자로 군림했다. 1999년 카이스트의 학생들이 개발하기 시작했고, 2002년 프리챌의 유료화 사태로 네티즌들이 대거 프리챌에서 싸이월드로 자리를 옮기면서 SNS의 다크호스로 급부상했다. 이후 미니홈피서비스가 각광을 받아 큰 인기를 끌었다. 2003년에는 폭발적인 트래픽 증가를 감당하지 못해 사용자들의 불만이 폭주할 때 SK커뮤니케이션즈에서 대규모 투자를 추진하면서 본격적인 성장가도를 달리게 되었다.

2008년 싸이월드는 사용자들의 큰 사랑을 받았지만 큰 위기를 맞고 있기도 했다. 글로벌라이제이션의 가속화와 스마트폰으로 변화가 진행되고 있었고, 새로운 경쟁자들이 나타났다. 특히 페이스북의 한국 상륙은 싸이월드에 '나쁜' 손님이었다.

그렇다고 위기만 있는 것은 아니었다. SNS의 보편화와 함께 중요성이 더욱 커졌고, 스마트폰의 대중화로 해외시장 진출이 훨씬 쉬워졌다. 더 큰 성장의 가능성 역시 존재했던 것이다.

페이스북이 들어오면 세계시장으로 간다

"페이스북이 한국에 들어온다. 페이스북의 기능에 호응하는 일부 고객들이 이탈할 것이다. 하지만 싸이월드에는 페이스북이 가지고 있지 못한 핵심 경쟁력이 있다. 더 큰 세계시장으로 나아가자. 우리의 약점은 페이스북에게 넘겨주고 우리의 강점으로 글로벌 시장에서 페이스북의 고객을 빼앗아오자. 그것이 진정한 경쟁이다."

2009년 초, 대표이사인 나는 구성원들과 함께 이런 기치를 내걸었다. 도전을 선택하고 모든 이익을 글로벌 서비스 개발에 투자했다.

2011년 말, 마침내 개발을 완료한 싸이월드는 글로벌 시장 진출을 위해 전략적 제휴를 추진했다. 해외 고객들이 관심을 가질 콘텐츠가 필요했다. 먼저 미국의 미디어그룹인 타임워너와 제휴를 맺었고, 동남아시장 진출을 위해 야후와 협력을 추진했다. 또한 해외 서비스를 위한 글로벌 네트워크 구축을 위해 인터넷네트워크 전문회사와 계약을 체결했다.

물거품된 전임 리더의 노력

2012년 1월, 나는 다른 조직으로 이동했다. 당시에 SK그룹은 3년 정도의 임기를 마치면 대표이사가 이동하는 것이 관례였다. 4년간 재임한 나는 막 오픈한 글로벌 싸이월드 초기 버전에 대한 당부의 말과 함께 싸이월드의 사진 기능을 크게 향상시킨 새로운 앱 글로벌싸이메라의 성공적 론칭을 기원하며 회사를 떠났다.

그런데 싸이월드의 새로운 글로벌 서비스는 제대로 선을 보이지도 못하고 사장되고 말았다. 후임 리더가 과업을 지속시키지 않았기 때문이다. 글로벌 시장 진출을 통한 성장을 추구한 나와 달리 그는 국내 사업에 집중하고 비용 절감을 추진했다. 후속으로 준비했던 글로벌 상용 서비스 오픈은 무산되었다.

어떤 전략이 옳았을까? 전임 리더와 신임 리더, 누구의 선택이 옳았는지는 알 수 없다. 신임 리더의 결정이 옳았을 수도 있다. 글로벌 서비스가 실패할 가능성도 높았기 때문이다. 하지만 반대로 성공을 통해 싸이월드가 크게 성장할 가능성도 있었다. 무슨 일이든 해보지 않고는 결과를 모른다.

전략의 옳고 그름을 따지려는 것이 아니다. 다만 어떤 과업이든 후임자(후계자)에 의해 완전히 바뀔 수 있다는 점을 강조하려고 한다. 전임 리더는 다가오는 위기에 대비하기 위해 글로벌 시장 진출을 준비했고, 큰 비용을 들이지 않고 시도해볼 수 있는 환경을 만들어 자신의 과업이 지속될 것으로 믿었다. 그러나 새로 부임한 리더는 기존의 전략을 폐기하고 다른 방향으로 조직을 이끌었다.

만약 전임 리더가 자신의 과업이 폐기될 가능성을 알고 있었다면 어떻게 행동했을까? 아마도 자신의 권력을 연장하는 행동을 취했을 것이다. 여의치 않다면 과업의 지속을 위해 후임의 협력을 얻는 노력을 사전에 적극적으로 기울였을 것이다. 하지만 나는 임기 연장을 위한 행동도, 포스트리더십에 대한 대비도 제대로 하지 못했다.

우리나라 모든 조직의 현장에서 권력의 교체와 함께 종종 벌어지는 일이다. 기존에 들인 노력은 일순간 물거품이 되어버린다. 큰 손실이 아닐 수 없다.

자리에 있을 때 완수하라

권력은 유한하다. 권력의 영향력도 기간도 모두 유한하다. 그런데 과업이 시작되어 성과를 내기까지는 일정한 시간이 필요하다. 따라서 리더는 최대한 권력이 유지되는 기간에 자신의 과업을 달성해야 한다. 어떻게 해야 할까?

필요 기간의 확보 또는 과업 조정

리더는 과업 달성에 필요한 기간을 확보할 수 있어야 한다. 부족할 경우에는 권한부여자와 협상을 해서라도 권력 기간을 연장할 필요가 있다.

필요한 기간을 확보하지 못하는 경우 리더는 과업을 조정해야 한다. 뛰어난 리더는 중장기적 비전을 세우되 자신의 권력이 유지될 수 있는 기간을 예측하고, 기간 안에 달성할 수 있는 현실적인 과업을 계획한다.

리더는 떠나도 과업은 이어지게 하라

리더는 재임 기간과 관계없이 조직을 떠나야 하는 순간이 찾아올 수 있다. 끝까지 과업을 완수하지 못하게 되는 것이다. 하지만 리더는 자신이 떠나도 과업이 이어질 수 있게 해야 한다. 후임 리더와의 협력을 통해서 말이다.

후임 리더와 협력관계를 맺어 과업을 계승하도록 하는 방법은 하나가 아니다. 그에게 지지를 보내고 신뢰를 쌓아 직접적으로 요청할 수도 있을 것이다. 권한부여자를 설득하여 후임 리더가 과업을 지속해갈 수 있는 조건을 사전에 만들어놓는 것도 효과적일 것이다.

리더가 재임 기간에 해야 할 네 번째 일

재임 기간에 리더가 해야 할 일은 과업 달성에 필요한 기간 확보와 이를 고려한 과업 추진, 후계자와의 협력 외에 또 있다. 그것은 리더가 떠난 후에도 조직이 존속되고 발전하도록 하는 일이다.

조직은 지속가능해야 한다. 계속해서 유지되어 성장해가야 한다. 따라서 리더는 과업의 수행을 통해 조직의 목적에 기여하는 한편 지속적인 발전을 위한 노력을 기울여야 한다. 무엇을 해야 할까?

구성원 역량 강화

리더가 떠난 다음에도 조직이 발전을 계속하게 하려면 조직 역량의 실체인 구성원들의 교육훈련에 힘써야 한다. 조직의 미래가 달려 있다는 면에서 당면한 과업을 성공시키는 것보다 더 중요한 일이다. 리더

는 교육훈련 외에도 외부 인재의 영입 등을 통해 구성원들의 역량을
향상시키는 일을 멈추지 말아야 한다.

후계자 육성

리더는 후계자도 육성해야 한다. 자신이 떠난 후에도 새로운 과업을
정의하고 조직을 이끌어나갈 후계자를 키워야 한다. 그를 통해 리더의
과업도 지속될 수 있을 것이다.

후계자는 후보군 중에서 리더가 정한 기준에 맞추어 선정하고, 이
후에는 역량을 쌓을 수 있는 기회를 고루 제공한다. 그 과정에서 후계
자가 리더의 재목으로 성장하는 것이다.

이상과 같이 포스트리더십 리더행동은 과업의 지속을 위한 권력 유
지, 필요 기간을 고려한 과업 조정, 후계자와의 협력, 구성원 역량 강화
와 후계자 육성을 위한 행동으로 정리할 수 있다.

포스트리더십 리더행동 점검 질문

❶ 나의 권력 기간을 알고 있는가? 그 기간 내에 목표를 달성할 수 있는가?

❷ 달성할 수 없다면 권력 기간을 늘리거나 과업을 조정하고 있는가?

❸ 권력 기간에 대해 권한부여자와 생각이 일치하는가? 그 기간을 놓고 권한부여자와 충분히 상의하는가?

❹ 중간에 권한부여자가 나를 교체할 가능성은 없는가?

❺ 만약에 가능성이 있다면 이에 대비하고 있는가?

❻ 중도에 떠난다면 나의 과업이 이어질 수 있는가?

❼ 후임 리더와 협력하여 과업을 지속시킬 수 있는가?

❽ 떠난 후를 대비하여 구성원과 후계자 육성을 추진하고 있는가?

❾ 이런 노력에 권한부여자와 구성원들이 지지하는가?

09
권력을 행사하다

권력이란

그것을 어떻게 무책임하게

남용하지 않고 책임감 있게 사용할 수 있는지,

권력자가 대중을 이용하기보다는

대중을 위하여 살게 할 것인가의 문제다.

- 존 F. 케네디, 미국 대통령 -

나는 그들의 직책을 회수했다

"조직에 문제가 많은 책임자들이 몇 있습니다. 인품은 훌륭한데 성과를 내지 못하는 책임자도 있고, 성과는 내지만 다른 조직과 협조하지 못하고 구성원들을 힘들게 하는 책임자도 있습니다. 길게 볼 때 조직의 발전에 해가 되는 사람들입니다. 이들 때문에 고민입니다."

기업의 최고경영자들로부터 자주 듣는 말이다. 이들을 어떻게 해야 할까?

해임이 두려운가?

"이미 명확한 답을 갖고 있지 않습니까? 다만 그것을 실행하지 못하는 이유가 있겠지요. 그 이유를 잘 들여다보고 결정하시죠."

답은 경영자들도 알고 있다. 직책을 회수하는 것이다. 조직과 구성원들에게 부정적 영향을 미치는 이들을 방치하는 것은 과업을 포기하는 것과 같다. 그런데도 회수하는 경영자가 많지 않다. 왜 그럴까?

나는 새로운 조직에 부임하자마자 일정 시간의 관찰을 거쳐 문제가 있는 책임자들을 해임했다. 해고가 아니라 직책을 회수하는 것이다.

"조직에서 성과를 내지 못하거나 구성원들의 사기를 저하시키는 본부장은 해임합니다. 기회는 다시 줄 것입니다. 1년 후 인사에서 그들의 복귀 여부를 검토하겠습니다."

해임 인사를 할 때마다 엄청난 반발에 부딪혔다. 나를 음해하는 이야기도 공공연히 나돌았다. 인사, 그중에서도 징계성 인사는 참으로 힘든 일이다. 하지만 나는 리더의 의무로 생각하고 흔들림 없이 해왔다. 그래야 조직이 살아 숨쉬기 때문이다. 성과를 내는 사람이 조직에서 우대받는다는 것을, 인사가 공정하다는 것을 구성원 전체가 알게 되기 때문이다.

리더가 필요한 해임을 하지 못하는 이유는 두려움 때문이다. 과연 옳은 결정인가 확신할 수 없어 두렵고, 해임 당사자를 생각하니 미안하고 두려운 것이다. 또한 그 자리에 새로 임명할 책임자가 기대한 성과를 올릴 수 있을까 걱정하게 된다. 이 두려움과 고민으로 해임하지 못하고 핑계를 댄다. 대안을 찾지 못하겠다는 것이다. 흡사 처음으로 칼을 쥔 아이처럼 칼에 베일까 봐 겁에 질려 있는 리더다.

인사에 게으른 리더, 우매한 리더도 있다. 구성원에게 어떤 문제가 있는지 파악조차 하지 않거나 파악할 능력이 없는 리더다.

할 일은 하지 않으면서 권력만 좇는 사람, 구성원의 성과를 빼앗고 거짓으로 포장하는 사람, 성과도 없이 구성원들을 힘들게 만드는 사람을 방치하는 리더는 리더라고 할 수 없다. 구성원들에게 실망만 주는 쭉정이 리더에 불과하다.

인간적으로 미안하고 고통스러운 결정이지만, 조직을 위해 필요할 때 망설이지 말고 해임을 실행해야 한다.

누구를 발탁할 것인가?

"자세와 역량이 뛰어난 주니어 구성원들 중에서 이번에 발탁해서 승진시킬 사람을 각 본부에서 한 명 이상씩 추천해주세요. 함께 논의해서 결정하겠습니다."

해임에 이어 나는 발탁인사를 시행한다. 해임에 비할 바는 아니지만 이 역시 엄청난 반발을 일으킨다. 부하직원이 하루아침에 자신의 동료가 되는 것을 좋아할 사람은 많지 않다. 동료가 상사가 되는 것도 마찬가지다.

나는 왜 반발을 부르는 인사를 단행하는가? 조직의 발전을 가져오기 때문이다. 역량이 뛰어나고 자세가 좋은 구성원은 성과를 낼 가능성이 높고, 이들을 활용하면 조직의 발전을 꾀할 수 있다. 조직이 역동적으로 변화하면서 역량과 자세를 갖추려고 노력하는 사람이 많아진다.

권력 활용의 핵심은 인사를 잘하는 것이다. 그리고 인사의 핵심은 해임과 발탁이다. 리더에게는 이것이 제일 어렵지만 해야 한다. 이를 제대로 하느냐 하지 않느냐에 따라 조직의 성과에 엄청난 차이를 가

저온다.

권력을 확보하는 목적은 무언가를 이루기 위해서다. 조직의 리더는 과업을 완수하기 위해 권력을 확보하고, 필요한 행동을 해야 한다.

그러면 리더는 어떻게 권력을 활용해야 할까? 과감하게 사용해야 한다. 과업 달성에 필요하다면 불만과 고통이 따르더라도 권력을 쓰는 데 주저함 없이 단호해야 한다. 인사권, 예산권, 의사결정권 등 지위권력을 시의적절하게 활용하여 문제점을 제거하고 성장 가능성에 투자해야 한다.

과업 수행에 필요한 자원을 확보하는 데도 권력을 활용할 수 있다. 자원이 없으면 할 수 있는 일도 없다. 리더는 자신의 권력을 최대한 활용하여 원하는 인재를 발탁하거나 자금을 투입하여 조직의 목적에 부합하는 일을 적극 수행해야 한다.

권력의 활용에서 가장 핵심적인 부문은 앞서 이야기한 것처럼 인사이며, 그중에서도 해임과 발탁이다. 조직에 해만 끼치는 나태한 사람, 도움이 되기는커녕 노력하는 구성원들을 힘들게 하여 의욕을 떨어뜨리는 사람은 과감히 해임하고, 과업 수행에 꼭 필요한 사람은 반발이 있어도 발탁하여 조직의 발전에 기여하도록 지원할 수 있어야 한다.

권한을 부여하라

리더는 권한부여자로부터 선택을 받아 지위권력을 갖게 되지만, 구성원들에게 권력을 부여하는 존재이기도 하다. 적합한 능력을 가진 사람에게 업무를 맡기고, 업무들이 맞물려 돌아가는 데

지장이 없도록 역할을 조정하고 권한을 위임한다.

중간 리더, 현장 리더, 구성원들에게 권력을 부여하면 조직에 활기가 생긴다. 권력에 따른 책임감을 갖고 적극적으로 실행과제를 수행하여 성과를 내려는 의욕이 고조되기 때문이다.

권력은 과업을 위해서만

리더에게 부여된 권력은 그 무엇도 아닌 과업의 수행을 위한 것이다. 따라서 리더 스스로 중심을 잡고 공사 구분을 명확히 하여 권력을 사용해야 한다. 권력의 오남용은 조직과 리더 자신을 망치는 지름길이다.

절대 피해야 할 리더의 길

부여받은 권력을 제대로 활용하지 못하는 리더들은 잘못된 길로 접어든다. 3가지 길이 그들을 맞이한다.

미숙한 권력

권력을 어떻게 활용할지 모르는 리더가 가는 길이다. 설사 방법을 알더라도 권력 활용에 대한 두려움 때문에 제대로 실행하지 못한다.

권한부여자로서의 역할도 마찬가지다. 무엇을 부여해주고, 무엇을 챙겨야 할지 몰라 갈팡질팡한다. 심지어 자신이 행사해야 할 권력을 다른 사람 손에 넘겨주기도 한다. 권력을 쥐고 있는 것 같지만 권력에 포위되어 있는 리더다. 결국 성과를 내지 못하고 스러지고 만다.

부패한 권력

공사 구분을 하지 못하는 리더다. 권력을 과업에 활용하지 않고 개인의 이익에 사용한다. 권력을 오남용하는 것이다. 과업은 이루어지지 않고, 이루어지더라도 부실한 결과를 낳을 뿐이다.

권력은 양날의 칼이다. 부패한 리더는 언젠가 그 칼에 베일 것이다.

독선적 권력

어느 누구의 이야기도 듣지 않고 오직 자신의 생각대로 권력을 행사한다. 권력을 나눌 줄도 모른다.

독선적 리더는 모든 것을 자신이 결정한다. 혼자 하기에 좋은 결정을 내리기가 어렵다. 우리 모두를 합친 것보다 더 현명한 사람은 없다. 그러나 그는 구성원들의 힘, 대중의 지혜를 활용하지 못한다. 점점 구성원들이 그를 떠나게 된다. 그저 구성원을 자신의 생각을 실현하는 부속으로 여기기 때문이다.

리더라면 권력을 충분히 활용하고, 온전히 과업에 집중시키고, 권한부여자로서 권력을 구성원들과 나눌 수 있어야 한다.

권력활용 리더행동 점검 질문

❶ 의사결정, 자원 배분, 지시, 지원, 평가, 보상, 상벌을 포함한 모든 과정에서 과업 달성을 위해 권력을 충분히 활용하고 있는가?

❷ 해임, 발탁 등 인사를 적극적으로 검토, 실행하는가?

❸ 과업을 위해서만 권력을 사용하고 있는가?

❹ 권력 활용은 공정한가?

❺ 권력의 오남용을 막기 위한 규칙을 수립하고 이를 점검하고 있는가?

❻ 당신의 권력 활용과 오남용 방지에 대해 구성원들과 권한부여자가 이해하고 지지하는가?

❼ 당신은 권한부여자이기도 하다는 것을 이해하는가?

❽ 하위 리더의 선정과 역할분담, 권한위임 방법을 알고 있는가?

❾ 위임한 권한은 보장하되 책임은 공동으로 져야 함을 알고 있는가?

❿ 권한부여자로서 당신의 역할에 대해 구성원들과 권한부여자가 이해하고 지지하는가?

리더십캔버스를 활용하여 권력을 파악하고 필요한 리더행동을 계획해보자.

파악

권력에 대한 리더십캔버스의 구성 요소는 권한부여자의 동기, 역량, 신뢰, 그리고 리더의 권력과 후계자, 권력에 대한 리더행동이다.

협력자	구성원	과업	리더	권력
협력자 동기	구성원 동기	조직 목적	리더 동기	권한부여자 동기
협력자 역량	구성원 역량	과업 목표	리더 역량	권한부여자 역량
협력자 신뢰		핵심 실행과제		권한부여자 신뢰
협력자 바게닝 파워	구성원 신뢰	핵심 자원	리더 신뢰	리더 권력과 후계자
리더행동				
협력자 리더행동	구성원 리더행동	과업 리더행동	리더 리더행동	권력 리더행동

리더의 권력과 후계자에 대해서는 지위권력과 개인권력 수준을 파악한다. 또한 예상되는 지위권력의 기간과 육성하고 있는(또는 예상하는) 후계자를 파악한다. 조직 내 비공식적 리더에 대해서도 확인한다.

권력을 파악하는 데는 이들 구성 요소 외에 리더에 대한 구성원들의 신뢰 수준 검토도 필요하다. 리더의 개인권력 관점에서 구성원들의 신뢰가 중요하기 때문이다.

또한 권력 관련 리더행동을 파악하는 것과 더불어 리더가 처한 상황에 따라 다른 리더행동도 파악해야 한다. 예를 들면 리더가 떠난 이후에도 계속 추진해야 할 중장기적 과업을 고려한 구성원들의 역량 강화 행동 등을 파악한다.

문제점 도출

현재의 권력을 파악하고 리더행동을 계획하기에 앞서 다음의 체크리스트를 활용하여 권력의 문제점을 도출한다.

- 지위권력은 과업 달성에 충분한가?
- 개인권력은 과업 달성에 충분한가?
- 권력 기간은 과업 달성에 충분한가?
- 권력을 제대로 활용하고 있는가?

권력의 문제를 파악하다 보면 리더 스스로 권력의 크기와 활용 측면에서 자신이 어떤 리더인지 알 수 있다.

과업 수행에서 지위권력과 개인권력을 충분히 확보하고 잘 활용하는 완성된 권력의 리더는 많지 않다. 지위권력에 문제가 있는 리더, 완전한 지위권력을 가진 반면 불완전한 개인권력을 가진 리더, 개인권력을 확보하고 있지만 공식적 권력을 확보하지 못한 비공식적 리더 역시 존재한다. 개인권력이 약해 구성원들에게 휘둘리는 리더, 개인권력은 약하지만 지위권력을 공포스럽게 휘두르는 리더도 있다. 권력을 올바로 활용하고 분담하는 리더와 달리 권력을 오남용하는 부패한 리더, 권력을 나누지 않고 독점하는 독선적 리더들도 존재한다.

당신의 권력은 어디에 속하는가?

- 완성된 권력(충분한 지위권력과 개인권력을 제대로 활용)
- 비공식적 권력(지위권력 부재, 강한 개인권력)
- 불완전한 권력(약한 지위권력)
- 만료되는 권력(권력 기간이 얼마 남지 않은 권력)
- 휘둘리는 권력(약한 개인권력)
- 공포의 권력(약한 개인권력)
- 미숙한 권력(권력 활용이 미흡)
- 부패한 권력(권력의 오남용)
- 독선적 권력(권력을 독점)

리더행동 계획

권력의 문제점이 돌출되었다면 이를 해결하는 행동을 해야 한다.

- 지위권력 확보 리더행동

지위권력을 획득하여 공식적 리더가 되는 행동

- 지위권력 강화 리더행동

권한부여자의 동기를 만족시키고 신뢰를 확보하여 필요한 권력을 유지, 강화하는 행동

- 개인권력 리더행동

구성원들과 권한부여자 등 이해관계자의 지지를 확보하여 개인권력을 획득, 강화하는 행동

- 포스트리더십 리더행동

조직에서 떠난 후 과업의 지속과 조직의 발전이 이루어질 수 있도록 미리 대비하는 행동

- 권력활용 리더행동

과업 달성을 위해 권력을 활용하고 분담하는 행동

문제점을 해결할 수 있는 권력 관련 리더행동을 선택하고 계획한다. 권력의 문제를 해결하는 것은 권력 관련 리더행동만이 아니다. 다른 리더행동도 복합적으로 처방해야 한다. 예를 들면 권력 기간을 고려한 과업 목표의 조정, 포스트리더십에 대비한 구성원의 역량 강화 행동도 상황에 따라선 필요하다.

3부

외로운 리더는
리더가 아니다

- '협력자'를 만드는 리더의 행동

협력

성공하는 리더는 자신의 여정을 누구와 함께할 것인지
잘 알고 있다. 실패가 누구로부터 올 것인지
파악하고 대비한다. 구성원들과 권한부여자는 물론
협력자들과 자주 이야기를 나누고 관계를 발전시킨다.

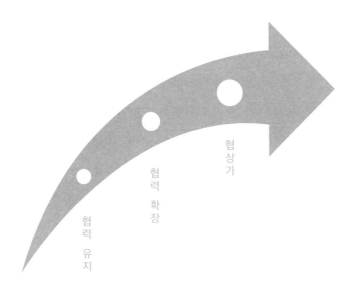

협상가

협력 확장

협력 유지

　　과업은 리더와 구성원들만으로 수행할 수 없다. 내외적으로 도움을 주는 협력자가 있어야 한다.

　리더는 협력자의 중요성을 깊이 인식하고 협력관계를 공고하게 발전시켜야 한다. 자신의 조직을 넘어 전체 생태계를 바라보며 새로운 협력관계를 개척해야 한다. 그래야 과업을 효과적으로 수행하고 성공적으로 완수할 수 있다. 리더가 리더십의 지평을 넓혀 협력자를 정의하고, 동기를 파악하고, 협력을 제안하여 적극적으로 이끌어내야 하는 이유다.

　협력자를 간과하여 실패하는 리더들이 있다. 협력의 역동성을 과소평가하는 리더들이다. 그들은 내부 협력에만 의존한다. 내부 협력을 이미 결정된 것으로 믿고 당연시한다. 그 믿음이 깨지면 상대 탓만 한다. 그들은 외부와의 협력도 결정되어 있다고 생각한다. 그러다 보니 협력은 바꿀 수 없고 바꿀 필요도 없다고 생각한다.

중요한 협력을 간단한 거래관계로만 보는 리더도 있다. 자신이 직접 챙겨야 할 일을 실무자에게 맡기고 방치한다. 협상을 두려워하는 리더도 있다. 협상을 전문가의 영역으로 치부해버리고 뒤로 물러나 있다.

협력자는 리더에게 결정적이다. 협력은 리더가 직접 나서야 하는 영역이다. 뛰어난 리더는 현재의 협력을 강화하고, 새로운 협력관계를 찾아다니며, 능숙하게 협상하여 협력을 이끌어낸다.

10
협력을 유지하다

모든 성공은
다른 사람들의 도움이 있어야만 가능하다.
자신이 잘해서 성공했다고 자만하는 순간
성장은 멈춘다.
성공하고 싶다면
당신이 이룬 모든 성과는
다른 사람의 덕이라는 사실을 깨달아야 한다.
그러면 예상하지 못한 더 큰 기회를 갖게 될 것이다.
- 요코우치 유이치로, 후지켄 창업자 -

손견과 이순신의 차이

협력을 강화하기는 고사하고 기존의 협력관계마저 제대로 유지하지 못하는 경우를 종종 본다. 특히 철석같이 믿고 있던 협력자로부터 당하는 배신은 뼈아프다. 순식간에 모든 걸 송두리째 앗아가기도 한다. 비협조적인 내부 협력자는 엄청난 스트레스에 시달리게 한다. '공동의 목적을 향해 가고 있고, 서로 신뢰하던 사이 아닌가? 그런데도 돕지 않다니…' 배신감과 분노가 치밀어 오른다.

후견인 원술의 돌변

중국의 한나라 말, 반동탁연합군에 참여한 손견은 동탁이 보낸 군대를 대파했다. 승리의 기쁨도 잠시, 손견은 큰 위기를 만난다. 군량이 도착하지 않은 것이다.

손견은 보급부대에 계속 연락을 취했지만 군량은 감감무소식이었다. 제대로 먹지 못한 군사들은 사기가 크게 떨어졌고, 결국 전투에서 크게 패하고 말았다. 어이없이 무너지고 만 것이다. 이 패배로 반동탁연합군 전선도 크게 흔들리게 되었다. 군량은 왜 오지 않았을까?

당시에 반동탁연합군에서 군량을 담당했던 사람이 원술이다. 원술은 본래 손견의 후견인을 자처하며 그를 도왔던 사람이다. 그런데 손견이 승리하자 돌변했다. 그의 변심으로 손견은 참담한 패배에 피눈물을 흘릴 수밖에 없었다.

원술이 군량을 보냈다면 어땠을까? 손견이 계속 승리를 이어가지 않았을까? 반동탁연합군이 전세를 장악하지 않았을까? 원술 역시 큰 공로자가 되지 않았을까?

그러나 원술은 그렇게 하지 않았다. 왜 그랬을까?

배신을 점검하라

원술은 손견의 최고 협력자였다. 자신의 영향력을 써서 손견을 파로장군과 예주자사로 만든 인물이 원술이다. 그랬던 그가 돌변하고 말았다. 군량을 끊고 손견을 패배의 구렁텅이로 몰아넣었다. 이유는 거창하지 않았다. 큰 공을 세운 손견이 더 커가는 것을 보고 싶지 않았던 것이다. 자신보다 더 잘나갈 것이 싫고 두려워 방해하기 시작한 것이다.

승승장구하던 손견은 가장 믿었던 협력자로부터 엄청난 배신을 당하고 그간의 전공이 무색할 정도의 무참한 패배를 당하여 자신의 기반을 상실했다.

지금도 손견 같은 사람을 찾아볼 수 있다. 조직 내부의 협력을 얻지 못해 과업을 망치는 사례가 비일비재하다.

당신은 어떤가? 배신은 당하지 않을 거라고 생각하는가? 중요한 협력자 중에서 원술처럼 돌변할 사람은 없는가? 배신을 당하면 어떻게 할 것인가? 상대만 비난할 것인가? 나는 리더로서 최선을 다했으나 배신을 당해 과업에 실패했다고, 어쩔 수 없었다고 하소연만 할 것인가?

리더는 절대 협력을 당연시해서는 안 된다. 조직의 대내외 관계를 항상 점검하고, 중요 협력자를 파악하고, 협력관계를 견인하고 유지하고 강화해야 한다.

이순신을 구한 두 사람

손견의 경우와는 반대로 협력자의 도움으로 어려움을 극복하여 큰 성과를 낸 리더들도 있다.

1591년, 이순신은 전라좌수사가 되었다. 1588년 모함으로 관직을 빼앗기고 백의종군하다가 겨우 복직해서 종6품 정읍현감을 지내던 중 정3품 전라좌수사가 되었으니 파격적인 발탁이었다.

조정의 반대가 심했지만 이순신에겐 류성룡이 있었다. 류성룡은 반대를 무릅쓰고 선조를 설득하여 허락을 받아냈고, 이순신에게 병법서와 무기 정보도 보내주었다. 류성룡의 도움으로 이순신은 군사들을 조련하고 거북선을 건조했다.

1592년, 일본이 조선을 침략했다. 왜군은 파죽지세로 진격했고, 조선은 패배를 거듭했다. 그러던 중 첫 승전 소식이 들려왔다. 옥포해전이었다. 이순신의 불패 신화를 연 첫 전투였다. 이후 이순신은 승리를 거듭했다.

1597년 4월, 이순신은 옥에 갇혀 모진 고문을 당했다. 왕명을 거역했다는 이유로 처벌을 받은 것이다. 적국의 간계에 빠진 선조가 무모한 명령을 내렸는데, 이순신이 이를 꿰뚫어보고 신중하게 대처한 것이 원인이었다. 경쟁자였던 원균의 모함도 한몫했다.

죽음의 위기에 몰린 이순신에게 또 다른 협력자가 나타났다. 정탁이었다. 정탁은 이순신을 죽이려던 왕에게 상소문을 올려 목숨을 구해주었고, 이순신은 모든 관직을 빼앗긴 채 다시 백의종군하게 되었다. 그해 8월, 이순신의 자리를 차지한 원균은 왕의 명령대로 작전을 수행하다가 거의 모든 군사와 전투선을 잃고 말았다. 원균의 대패 이후 삼도수군통제사로 복직된 이순신은 궤멸된 수군에 남은 고작 13척의 배로 일본의 130여 척과 싸워 대승을 거두었다. 그 유명한 명량해전이다.

이순신에게는 승리를 거둘 때나 고초를 당할 때나 도와주는 협력자가 있었다. 류성룡이 없었다면 이순신이 자신의 과업을 시작할 기회를 얻을 수 있었을까? 정탁이 없었다면 죽음의 위기에서 벗어나 다시 싸울 기회를 가질 수 있었을까? 두 사람이 없었다면 조선이 일본의 침략에서 생명을 유지할 수 있었을까?

리더에게 위기는 언제 어디서나 찾아온다. 그럴 때마다 혼자 힘으로 모든 걸 이겨낼 수는 없다. 위기에서 도와줄 우군이 절실하게 필요하다. 당신에게는 우군이 있는가?

나의 협력자는 누구인가?

이순신 장군과 손견의 사례에서 보듯 협력자는 인생과 과업에서 결정적인 역할을 한다. 협력자의 협력을 얻지 못하는 사람은 실패할 가능성이 크고, 협력을 얻는 사람은 성공에 성큼 다가설 수 있다.

협력을 유지하고 강화하는 첫걸음은 과업에 중대한 영향을 미치는 협력자가 누구인지, 협력이 제대로 이루어지고 있는지 면밀히 파악하는 것이다.

내부 협력자

조직의 내부 협력을 당연시하고 노력하지 않는 리더가 제법 많다. 그래서 실패한다. 내부의 협력자들을 파악하고 정의하고 도움을 이끌어내는 노력을 지속해야 한다.

중간 리더라면 타 부서의 동료나 선후배가, CEO라면 이사회의 이사들, 노동조합 위원장 등이 주요 협력자가 될 것이다.

외부 협력자

조직 외부에도 협력자들이 있다. 정부 부처에 몸담고 있다면 국회, 공공기관, 민간, 외국 정부 등과 협력해야 할 것이고, 기업가라면 금융기관, 정부기관, 사회단체 등의 협력을 얻어야 할 것이다. 협력업체들과의 협업도 중요하다. 생산, 마케팅, 물류 등에서 전문 역량을 갖춘 업체와 파트너십을 맺고 상호 협력하여 시너지를 낸다. 또한 규제와 관련해서는 정부와 국회의 협력을 이끌어내야 한다.

표면적인 협력 수준 vs 근원적인 협력 수준

협력자가 누구인지 파악했다면 그와의 협력이 제대로 이루어지는지 살펴야 한다. 현재 당신과 협력자가 맺고 있는 협력의 수준을 떠올려보라. 무엇이든 믿고 맡길 수 있을 것 같은 든든한 협력자, 비교적 협력이 잘 되는 우호적 협력자, 좋지도 나쁘지도 않은 중립적 협력자, 불만과 갈등이 있는 불안한 협력자 등이 떠오를 것이다.

표면적인 협력의 수준만 봐서는 안 된다. 현재 협력이 비교적 원만히 이루어진다고 해도 믿어서는 안 된다. 모든 변수에 대비해야 한다.

근원적인 협력 수준을 판단할 수 있는 기준은 3가지다. 협력자의 동기, 신뢰 수준, 바게닝 파워(bargaining power, 협상력)가 그것이다.

동기가 같은가?

협력자가 나와 협력할 이유가 있는지를 보는 것이다. 이때 개인적 친분 같은 과업 외적인 이유는 제외해야 한다.

앞의 사례로 돌아가보자. 손견과 원술은 처음에는 서로의 동기가 같았다. 동탁을 무너뜨리고 한나라의 안정을 되찾겠다는 공통의 명분과 목표가 있었다. 두 사람의 동기는 손견이 큰 공을 세울 때까지 동일하게 유지되었다. 하지만 손견의 대승으로 근원적인 동기가 부상하게 되었다. 동탁을 제거하려는 동기보다 공을 세워 제후가 되겠다는 동기가 훨씬 강해진 것이다. 사실 원술은 본래부터 한나라 왕실의 재건보다 제후를 향한 욕망이 컸고, 손견 또한 승승장구하면서 스스로 제후가 되고자 했다. 손견의 속뜻을 읽은 원술은 자신의 근원적 동기를 방해하는 경쟁자의 출현을 우려했고, 결국 후원자에서 적대적 관계로 돌아서버린 것이다.

그러면 이순신 장군은 어떻게 류성룡의 적극적 지원을 받을 수 있었을까? 바람 앞의 등잔불 같은 나라를 구해야 한다는 강력한 동기가 두 사람 안에 있었고 이것이 지속되었기 때문이다.

동기가 같아야 협력할 수 있다. 동기가 일치하지 않으면 표면적 협력 수준에 그치고 만다. 오래가지 못한다. 류성룡과 이순신은 동기가 일치했고 변치 않았기에 오래 협력할 수 있었지만, 원술과 손견은 목표와 동기가 명확했으나 중간에 변질되는 바람에 협력자에서 적대자로 돌아서게 되었다.

서로 신뢰하는가?

동기가 협력의 시작이라면 신뢰는 중간과 끝이라고 할 수 있다. 신뢰 없이는 협력이 유지되지도, 강화되지도 않는다.

이순신과 류성룡은 한동네에서 자랐다. 류성룡은 어린 이순신의 됨됨이를 일찍부터 알아보았고 친분을 이어가면서 믿음을 쌓았다. 민족과 국가에 대한 충성심과 과업을 이룰 수 있는 역량을 두루 갖춘 국가적 인재임을 굳게 믿게 되었다.

류성룡은 이순신이 강직한 성격 때문에 고초를 당할 때도 한결같이 이순신의 원군이 되어주었다. 그런 류성룡을 이순신은 존경했고, 두 사람의 신뢰는 더욱 깊어졌다. 근원적 수준에서 긴밀한 협력자가 되어 서로를 아낌없이 도왔다.

바게닝 파워가 있는가?

협력의 수준에서 협력자의 동기와 신뢰 외에 중요한 것이 '바게닝 파워'다. 바게닝 파워는 서로에게 각기 다른 대안이 있는가에 의해 결정된다. 협력자는 나 외에 다른 대안이 많은데, 나는 협력자 말고는 아무런 대안이 없다면 협력이 이어지리라는 보장을 할 수 없다. 협력 동기와 신뢰가 있다 해도 나의 바게닝 파워가 없으면 상대와의 협력이 깨질 가능성이 있다.

표면적인 협력 수준에 따라 행동하지 말고 근원적인 협력 수준을 보아야 한다. 이에 따라 협력자를 파악하고 미리 대비해야 한다.

불안한 협력에 대비하라

협력 동기와 신뢰관계 그리고 바게닝 파워가 강하면 협력은 지극히 안정적일 것이다. 불안해할 이유가 없다. 하지만 그렇지 않은 협력관계가 대부분이다.

현실의 협력관계는 늘 불안 요소를 안고 있다. 표면적으로는 좋은 관계를 유지하고 있더라도 근원적 협력 수준에 문제가 있다면 언제 깨져도 이상하지 않다. 따라서 협력을 유지하고 강화하되 협력의 대안을 만들어 불안에 대비해야 한다. 협력관계가 단절되면 과업에 큰 차질이 빚어지는 협력자에 대해서는 협력의 유지, 강화, 대안을 위한 행동에 특별히 집중해야 한다.

또한 든든한 동지와 같은 협력자, 우호적인 협력자의 손을 놓아서는 안 된다. 이들에 비해 자신의 바게닝 파워가 약한 경우에는 더욱 신경을 쓰고 살펴야 한다.

이해관계자를 아군으로

협력의 유지와 강화 면에서 수행해야 할 것이 하나 더 있다. 이해관계자와의 관계를 잘 관리해야 한다.

이해관계자들은 과업의 성패에 결정적 영향을 미친다. 나에 대한 그들의 긍정적 평가가 과업을 돕기도 하고, 부정적 평가가 과업에 치명상을 입히기도 한다. 일은 되게 하기가 어렵지 안 되게 하는 것은 아주 쉽다. 나를 적극적으로 도와주는 협력자를 확보하는 것도 중요하지만,

나를 방해하는 이해관계자를 만들지 않는 것도 그에 못지않게 중요하다. 직접적 관계가 아닌 이해관계자라도 리더의 과업을 얼마든지 방해할 수 있으므로 항상 신경을 써야 한다.

이해관계자들을 아군으로 만들어야 한다. 그들과 좋은 관계를 유지한다면 잠재적 협력이 실현되어 성공의 탄탄대로를 걷게 될 것이다.

협력유지 리더행동 점검 질문

❶ 내외부 협력자의 표면적인 협력 수준을 파악하고 있는가?

❷ 내외부 협력자의 동기, 신뢰, 바게닝 파워를 고려한 근원적 협력 수준을 파악하고 있는가?

❸ 기존 협력자의 협조는 원활한가?

❹ 협력이 단절되면 과업 성공에 큰 장애물이 될 협력자를 알고 적극적으로 관계를 강화하고 있는가?

❺ 근원적인 협력 수준에 비추어볼 때 협력에 문제가 생길 가능성이 있는 협력자를 알고 있는가? 이에 대해 대안을 가지고 있는가?

❻ 직접적인 협력자가 아닌 이해관계자와의 우호적 관계를 위해 노력하고 있는가?

❼ 협력자의 역량은 나의 기대를 충족시키는가?

❽ 협력의 유지와 강화를 위한 당신의 행동에 대해 권한부여자와 구성원들이 공감하고 지원하는가?

11
협력을 확장하다

나는 당신이 할 수 없는 일을 할 수 있고,
당신은 내가 할 수 없는 일을 할 수 있다.
따라서 우리는 함께 큰일을 할 수 있다.
- 마더 테레사, 가톨릭 수녀 -

100억 원에서 2,400억 원으로

"제일 관심이 큰 부분은 유통입니다. 서울의 중소기업과 소상공인에겐 매출이 가장 절실합니다. 판로를 크게 열어주십시오."

2015년 가을, 소상공인과 중소기업을 지원하는 방안을 논의하는 자리에서 박원순 서울시장이 말했다. 박 시장은 혁신가였다. 시민을 위한 아이디어가 넘쳐났다. 중소기업의 판로, 창업, 콘텐츠산업, 일자리, 전시사업에 관한 무수히 많은 구상을 깨알처럼 털어놓았다. 우선순위가 무엇이냐는 질문에 그는 판로가 가장 중요하다고 말했다.

"현재 서울유통센터가 중소기업 제품을 100억 원 정도 팔아주고 있어요. 고작 100억 원이라니 말이 됩니까? 확 키워주십시오."

당시 서울유통센터는 서울산업진흥원 산하조직으로 중소기업의 판로를 지원하는 사업을 전개하고 있었다. 직접 오프라인 유통숍을 갖추고 중소기업들이 생산한 제품을 선정해서 판매하고 있었다.

공공과 민간의 강점을 결합하다

'어떻게 하면 판로를 확 키울 수 있을까?'

서울산업진흥원 대표이사였던 나는 고민을 거듭했다. 기존의 사업 방식으로는 한계가 분명해 보였고, 성장을 위해서는 새로운 방식의 접근이 필요했다. 나는 오프라인에서 온라인으로 판매 방식을 바꾸어야 한다는 결론에 다다랐다.

서울유통센터는 오프라인 매장을 통한 판매에 특화된 조직이었지만 대규모의 판매를 위해서는 성장일로의 모바일과 온라인으로 판로를 전환하는 것이 필요했다. 또한 직접 판매보다 협력을 통한 판매로 전환할 필요도 있었다. 결론은 서울유통센터는 잘할 수 있는 분야를 중심으로 집중하고, 어려운 일은 더 잘할 수 있는 협력자를 찾아 제휴를 추진하는 것이었다. 이에 따라 직접 판매에서 손을 떼고 민간과 적극 협력하기로 했다.

공공이 잘하는 영역과 민간이 잘하는 영역은 서로 다르다. 서로 잘하는 영역을 중심으로 협력하면 더 큰 효과를 창출할 수 있다. 많은 정책이 실패하는 본질적인 이유는 정부가 민간의 장점을 활용하기보다 잘 못하는 영역을 정부가 직접 실행하기 때문이다.

나는 서울유통센터장과 함께 판매와 유통에 정통한 협력자를 찾아 협력을 제안했다. 새로운 협력자들은 민간의 유통 전문가와 유통업체들이었다. 인터파크, G마켓, 11번가, 카카오, 네이버 같은 온라인 유통업체들과 케이블TV 홈쇼핑, 오프라인 유통기업들과 손을 잡았다.

기존의 직접 판매사업은 접기로 했다. 새로운 사업에 집중하기 위한 결정이었다. 철수한 사업에서 마련한 자금으로 새로운 사업을 추진하는 데 필요한 예산을 확보할 필요도 있었다.

협력을 일으키는 동기의 발견

문제는 협력의 동기였다. 동기가 강해야 협력이 적극적으로 일어날 수 있는데, 그들의 강한 동기를 기대하기가 어려운 상황이었다. 협력관계가 없었던 공공기관과의 사업에 군이 나설 이유가 있을까? 도대체 무슨 도움이 될까? 의구심을 가질 것이 뻔했다.

하지만 그들도 아쉽고 부족한 부분이 있을 거라는 생각으로 면밀한 검토를 시작했다. 유통업체들의 고충이 무엇인지, 서울유통센터가 이를 해결할 수 있는가를 타진했다. 그리고 답을 찾아냈다.

우리는 민간 유통업체들에 2가지를 제안했다.

첫째는 다양한 신상품의 공급이었다. 신상품들을 공급하여 유통업체들에 상품 차별화의 기회를 제공하자는 것이었다. 유통업체의 차별화 요소 중 하나는 유통하는 상품의 다양성과 경쟁력이다. 말은 쉽지만 실행은 쉽지 않다. 유통업체들은 대부분 비슷한 상품들을 일반 소비자에게 제공한다.

기존의 유통업체들과 달리 서울유통센터는 상품 차별화에 경쟁력이 있었다. 서울유통센터가 지원하는 소상공인과 중소기업들이 만드는 상품은 대다수가 신상품이었다. 우리는 세상에 처음 나오는 상품,

즉 유통업체가 아직 판매하고 있지 않은 상품을 제공할 수 있다는 점을 적극적으로 어필했다.

둘째는 신상품의 품질에 대한 신뢰 보강이었다. 신상품을 공급하는 것만으로는 협력의 동기를 충족시키기에 부족했다. 한 번도 거래해보지 않은 중소기업과 소상공인의 상품에 대한 유통업체의 불안감을 해소할 필요가 있었다. 이를 위해 중소기업과 소상공인의 제품에 서울시의 브랜드로 대중에게 많이 알려진 하이서울을 활용할 수 있게 도와달라고 시장에게 요청했다.

"공공의 강점은 신뢰입니다. 서울시가 중소기업 제품에 대한 신뢰를 보강해주어야 합니다. 서울유통센터가 품질을 검증해서 브랜드를 부여하면 됩니다. 제품이 하이서울 브랜드를 달고 시장에 나가면 생산 기업들이 크게 성장할 것입니다."

박 시장은 제품에 하자가 있을 경우 서울시에 부담이 될 수 있다는 내부의 반대에도 불구하고 "그 리스크는 제가 감당하지요. 그들이 바로 서울 시민 아닙니까? 서울시장이 도와야죠"라며 흔쾌히 도왔다.

서울유통센터장은 새로운 협력에 기반한 혁신 사업을 출범시켰다. 민간 전문가, 유통업체와 협력관계를 강화하는 한편, 우수한 제품들에 하이서울 브랜드를 결합했다. 구성원들도 적극적으로 일했다.

그로부터 2년 후, 서울유통센터는 2,400억 원어치의 중소기업 제품을 판매했다. 2년 사이에 모바일과 온라인 유통업체를 통해 100억원에서 2,400억원으로 폭발적 성장을 이룬 것이다. 새로운 협력의 개가였다.

아이폰의 광풍을 이겨낸 삼성의 '3자 동맹'

2011년 무렵, 삼성전자의 스마트폰사업은 위기에 처해 있었다. 애플의 스티브 잡스가 이끄는 아이폰의 광풍이 몰아치던 시기였다. 강력한 아이폰의 시장 지배력에 삼성전자의 스마트폰은 열세를 면치 못하고 있었다.

삼성전자는 가만있지 않았다. 절대적 위기를 극복하기 위한 시도와 노력을 다방면으로 전개했다. 그중 가장 눈에 띄는 것이 협력을 재정의하고 '3자 동맹'을 추진한 것이었다.

2010년 6월 8일 오전, 서울 서초동의 삼성전자 다목적홀에서 열린 '갤럭시S 미디어데이' 행사에 하성민 SKT 사장, 신종균 삼성전자 무선사업부 사장, 앤디 루빈 구글 부사장이 모습을 드러냈다. 신종균 사장이 인사말을 꺼냈다.

"삼성전자와 SKT, 구글이 심혈을 기울여 만든 명품 '갤럭시S'가 전 세계 스마트폰시장에서 바람을 일으킬 것입니다."

실제로 그의 말은 현실이 되었다. 3자 동맹에 기반한 구글과의 협력을 통해 삼성전자는 약세로 지적받아온 소프트웨어에서 경쟁력을 갖추게 되었고, SKT와의 협력으로 신상품에 대한 원활한 검증과 고객의 반응을 알 수 있었다. 구글과 SKT도 협력의 반사이익을 얻었다. 2021년 현재 삼성전자는 스마트폰 세계 시장점유율에서 애플을 앞서게 되었고, 구글의 안드로이드 OS는 80%가 넘는 시장점유율을, SKT는 압도적인 시장경쟁력을 유지하게 되었다.

갤럭시S의 성공은 기존의 협력업체들을 뛰어넘는, 과업에 핵심적 도움을 줄 수 있는 새로운 협력관계의 작품이라고 할 수 있다.

제2의 구성원, 협력자를 찾아서

서울유통센터와 갤럭시S의 사례에서 보듯 새로운 협력자의 정의와 확대가 결정적 돌파구를 제공한다. 지지부진한 과업에 색다른 성공 기회와 결정적 도움을 주는 것이다.

서울유통센터에 민간 전문가와 유통기업의 협력이 없었다면 판로와 매출 확대가 가능했을까? 삼성전자가 구글과 SKT의 협력을 이끌어내지 못했다면 지금의 갤럭시S가 존재했을까?

리더는 항상 자신이 속한 생태계를 크게 바라보고 잠재적인 협력자가 누구인지 파악해야 한다. 그들 중에서 누가 나의 약점을 보완해줄지, 나의 강점을 필요로 할지 살펴야 한다. 그리고 함께 성장하거나 위기를 극복할 수 있는 협력자가 누구인지 알아보고 상생의 협력을 이루어야 한다.

경쟁자도 때로는 잠재적 협력자가 될 수 있다. 비슷한 과업을 수행하면서 필요한 공동 신규시장 개척, 정보 교환 같은 협력의 영역이 존재한다. 리더는 경쟁자를 잠재적 협력자로 삼을 수 있어야 한다.

협력자는 제2의 구성원이다. 리더는 자신이 이끄는 조직의 약점을 숨기거나 한탄할 것이 아니라 협력자를 통해 문제를 해결하고 조직을 계속 키워나가야 한다.

아마존에는 '플라이휠'이 있었다

"아마존의 성공에는 여러 요인이 있지만 가장 핵심적인 것은 협력에 집중하는 사업모델이었습니다."

제프 베이조스 회장은 아마존 설립 초기에 플라이휠(flywheel) 전략을 제시했다. 협력을 통한 사업성장모델이었다.

아마존의 판매자, 즉 협력자가 많아지면 고객들에게 제공할 수 있는 제품이 많아진다. 제품이 풍부해지면 만족도가 올라가고 고객이 늘어난다. 이것이 다시 판매자 수를 증가시키는 선순환이 이루어진다. 이러한 플라이휠 전략은 플랫폼경제로의 전환을 포착한 데서 나온 것이었다.

협력자를 요하는 플랫폼경제

세계 경제가 디지털 시대로 이행하면서 플랫폼이 확산되고 외부 협력자가 확대되었다. 인터넷과 오픈플랫폼의 등장과 확산이 소비자와 공급자를 협력자로 변환시켰다. 파워 유저가 상품을 평가하고 추천하며 광고 수입을 얻는 등 소비자들에게 큰 영향을 미치며 중요한 협력자로 변신했다. 공급자들 역시 단순히 기업에 납품하는 역할에서 벗어나 오픈플랫폼의 핵심 주체로 발전했다. 소비자와 공급자가 오픈플랫폼의 경쟁력을 규정하는 핵심 파트너로 성장한 것이다. 이에 따라 협력자를 확대해서 정의하고 긴밀한 협력관계를 구축할 필요성이 커지고 있다.

앞으로는 어떨까? 코로나19의 영향과 메타버스의 확산 등으로 플랫폼경제는 더욱 발전할 것이고, 협력자의 중요성은 한층 더 커질 것이다.

본격화하는 국가 간 협업체제

협력을 증대시키는 또 하나의 큰 요인은 국제 질서의 변화다. 세계 경제의 분업화와 글로벌 밸류체인의 가속화에 따라 국가 간 협업체제가 이미 본격화되었다. 이런 협업에 결정적 영향을 미치는 것이 국제 질서다. 정부의 리더들뿐 아니라 기업의 리더들 역시 이와 같은 국제 질서의 변화를 읽고 협력에 대응하는 전략과 시스템 구축에 박차를 가해야 할 것이다.

한국의 미래를 열어준 미일반도체협정

우리나라가 반도체산업에서 경쟁력을 갖추게 된 것은 뛰어난 기업가와 인재 덕분이기도 하지만, 1980년대 일본 경제에 대한 미국의 견제를 적절히 활용했기 때문이기도 하다.

미국은 모토로라, 인텔, 마이크론 등을 앞세워 세계의 반도체산업을 주도하고 있었다. 하지만 일본의 반도체기업들이 미국을 압도하기 시작하면서 시장점유율을 제한하는 미일반도체협정을 체결하여 일본을 압박했고, 그 결과 미국은 세계 시장에서 점유율을 유지한 반면에 일본의 시장점유율(2016년)은 한 자릿수(7%)까지 떨어졌다. 이는 한국의 반도체산업이 급성장하는 기회로 작용했고, 그 밑바탕에는 미국과의 협력이 자리하고 있었다.

20년 경제성장의 길을 터준 중국

1992년 중국 시장이 개방되었다. 우리나라는 중국과의 협력을 통해 글로벌 밸류체인을 구축하고 확장하고 발전시켰다. 1990년대 이후 약 20여 년간 우리나라의 경제성장이 여기서 비롯되었다고 해도 과언이 아니다. 드넓은 중국을 생산기지로 활용하고 급성장하는 소비시장을 수출의 앞마당으로 삼은 결과라고 할 수 있다. 이를 통해 1인당 GDP 2만 달러 시대를 열 수 있었다.

미중 패권 경쟁에서 우리가 잡아야 할 손

G2라는 용어에서 알 수 있듯이 미국과 중국의 패권 경쟁이 격화되고 있다. 우리나라가 이에 어떻게 대응하느냐가 발전의 지속성을 좌우할 것이다.

중국은 더 이상 우리에게 좋았던 협력자만은 아니다. 이익을 안겨주는 생산기지와 수출시장이 아니라 한국 경제를 위협하는 경쟁자로 변모하기도 했다. 현재 우리 정부와 기업들은 새로운 글로벌 밸류체인을 구축하려는 노력을 다방면으로 전개 중이다. 아세안국가들을 대상으로 펼치는 신남방정책이 대표적이다.

미래는 지극히 불투명하다. 남중국해를 둘러싼 분쟁이 사그라들지 않는 가운데 대만 침공설까지 거론되는 현실이다. 미중의 패권 경쟁은 우리에게 엄청난 충격과 변화를 요구할 것이다. 반사이익을 챙기는 노력에 그치지 말고 냉혹한 세계 질서의 큰 흐름을 읽고 적응하는 가운데 다자협력을 더욱 선제적으로 확대하고 발전시켜나가야 한다.

협력확장 리더행동 점검 질문

❶ 잠재적 협력자가 누구인지 파악하고 있는가?

❷ 잠재적 협력자의 동기와 역량을 파악하고 있는가?

❸ 잠재적 협력자와 새로운 협력관계를 만들고 있는가?

❹ 경쟁자의 협력관계를 알고 있는가? 경쟁자에 비해 나의 협력관계는 우위에 있는가?

❺ 현재의 경쟁자와 협력할 수 있는 영역을 파악하고 있는가? 협력을 시도하고 있는가?

❻ 권한부여자와 구성원들은 새로운 협력자를 찾는 노력에 공감하고 적극적으로 돕고 있는가?

12
협력을 이끌다

현명한 경영자는 얼마 안 되는 파이를 놓고
더 많이 먹겠다고 다투는 데 시간을 투자하기보다는
파이를 더 크게 만들기 위한 방법을 모색한다.
- 허브 코헨, 미국 협상 전문가 -

나를 도와야 합니다. 왜냐하면…

기존 협력자와의 관계 유지와 강화, 새로운 협력자의 확보를 위해 해야 할 첫 번째 일은 협력자별로 목표를 세우는 것이다. 그다음은 협력 목표를 중심으로 협력자들을 설득해내는 것이다.

협상은 필요한 협력을 설득하고 견인하는 과정이다. 협상을 통해 협력이 완성된다. 따라서 리더는 뛰어난 협상가가 되어야 한다. 어떻게 해야 원하는 협상을 성공으로 이끌 수 있을까?

명분을 제시하고 거래를 제안하라

"회사 전체의 목적을 위해 나를 도와주어야 합니다. 왜냐하면 이 일이 회사에 중요하기 때문입니다."

"창업기업들은 경제에 혁신을 가져다줍니다. 창업기업을 우대하는 정책이 필요합니다."

리더들은 공통의 가치를 중심으로 협력의 당위성을 설득하여 협력을 이끌어낸다. 공통의 가치는 설득에 유용하다. 하지만 그것만으로는 한계가 있다.

서울유통센터도 중소기업의 매출 증대가 국가 경제에 도움이 된다고 호소하여 유통회사들의 선한 의지를 자극함으로써 큰 공감을 이루어냈지만 긴밀한 협력으로 이어지기까지 많은 한계를 보였다.

서울유통센터장은 공통의 가치에 기반한 설득에서 한걸음 더 나아갔다. 유통회사들의 구체적이고 현실적인 니즈(needs)를 만족시키는 제안을 했고, 서로의 필요에 따른 거래를 성사시켜 적극적인 협력을 견인했다.

협력은 당사자들의 니즈에 부합하는 거래를 통해 이루어진다. 동일한 목적으로 만들어진 조직의 내부에서도 가치에 대한 호소에 더해 상대방의 구체적인 동기를 만족시키는 거래를 제안해야 협력의 장이 만들어진다. 외부와의 협력은 말할 것도 없다. 공통의 가치에 호소하여 협력자의 변화(transformation)를 유도하는 것과 동시에 거래(transaction)를 통해 협력을 실현해야 한다.

내가 하나로통신을 먼저 접촉하지 않은 까닭

"하나로통신 인수 계획을 승인해주셔서 감사합니다. 하나로통신과 접촉하기 전에 다른 회사들의 의사를 먼저 타진한 다음

하나로통신과의 협상을 진행하겠습니다."

SKT 재직 시절, 나는 인수 태스크포스 책임자로 CEO에게 이같이 보고했다.

2000년대 중반, SKT는 유선통신사업에 진출한다는 방침을 세웠다. 분석 결과, 하나로통신을 인수하는 것이 가장 좋은 대안이라는 판단을 내리고 작업에 들어갔다.

나는 하나로통신을 만나기에 앞서 유선통신망을 보유한 다른 업체들과 M&A를 협의했다. 주로 케이블TV회사들이었다. 그리고 한참 후에 하나로통신의 대주주를 만나 M&A 협상을 시작했다. 이유는 간단했다. 협상력을 높이기 위해서였다.

당시 하나로통신은 가치에 비해 가격이 너무 높을 것으로 예상되었다. 다른 대안이 없으면 고스란히 비싼 대가를 지불해야 할 터였다. M&A가 성사되기 어려울 것이었다. 설사 합의한다 해도 높은 가격 때문에 SKT 이사회가 반대할 가능성이 높았다. 따라서 하나로통신과 협상을 시작하기 전에 유리한 고지를 점하기 위해 노력한 것이다. 물론 다른 의도도 있었다. 하나로통신과 협상이 결렬될 경우 그 대안으로 이들을 M&A하려는 것이었다.

가장 무서운 협상 상대

협상에 성공하기 위한 첫 번째 조건은 협상 포지션을 상대방보다 위에 두는 것이다.

"협상에서 성공하는 비법이 있습니까?"라는 질문에 나는 주저 없이 "네, 있습니다"라고 말한다. 그것은 무서운 협상 상대가 되는 것이다. 유리한 고지를 선점하는 것이다. 고지를 선점하면 협상을 주도할 수 있다. 가장 무서운 협상 상대는 상대와 협상하지 않아도 되는 상대다.

상대가 "저는 당신과 협력하지 않아도 됩니다. 다른 대안이 있거든 요"라고 말한다면 어떨까? 그런데 내게는 다른 대안이 없다. 어쩔 수 없이 상대방이 원하는 대부분을 수용해야 협력관계를 맺을 수 있을 것이다.

협상의 시작: 먼저 높게 제시하라

모든 협상은 초기조건 제시(initial offer)에서 시작된다. 그것을 기준으로 상호 조율하여 협상을 타결하게 된다.

협상에서는 초기에 제시하는 조건이 매우 중요하다. 그대로 마무리되는 경우는 거의 없지만, 협상이란 서로가 처음에 제시한 조건의 격차를 줄여가는 과정이기 때문이다. 따라서 초기 조건이 협상의 결과를 판가름하는 경우가 많다.

리더들이 초기조건 제시에서 갈등하는 문제들이 있다. 그중 하나는 '먼저 조건을 제시하는 것이 좋은가?'이다. 결론부터 말하면 항상, 적극적으로 먼저 제안하는 것이 낫다. 먼저 조건을 제시하면 자신의 정보가 노출되므로 되도록 피하는 것이 좋다고 생각하는 사람들이 있다. 그래서 "먼저 조건을 이야기해보시죠. 생각해보고 연락드리겠습니다"와 같이 상대에게 말한다. 이것은 협상 상대가 감사할 일이다. 협상의 주도권을 넘겨주는 꼴이기 때문이다.

조건을 먼저 제시하면 협상 상대에게 영향을 미친다. 내가 제시하는 조건이 상대가 제시하는 조건의 기준이 될 수 있다. 다시 말하면 내가 판을 주도할 수 있는 것이다. 상대가 먼저 조건을 제시하도록 하는 우를 범하지 말아야 한다.

간혹 상대의 조건보다 낮은 조건을 제시하는 잘못을 저지르는 경우가 있다. 제대로 준비하지 않아서다. 준비에 허점이 없다면 이런 일은 일어나지 않을 것이다.

'어느 수준으로 첫 조건을 제시할 것인가?'도 문제다. 답은 가능한

한 높게 제시하는 것이다. 앞서 이야기한 것처럼 협상은 제시하는 첫 조건과 상대의 그것을 조율하는 과정이다. 되도록 높게 제시해야 유리한 결과를 얻을 가능성이 커진다.

높게 제시하고 싶어도 그러지 못하는 이유는 '너무 세게 부르면 협상이 깨지지 않을까?' 하는 두려움 때문이다. 두려워하지 않아도 된다. 상대가 협상 테이블에 앉았다는 것은 니즈가 있어서다. 협상이 깨지는 것은 조율이 안 되고 합의가 이루어지지 않기 때문이지 초기조건이 높아서가 아니다. 과감히 높게 제시해도 된다. 단, 논리적 근거가 있어야 한다. 그래야 상대가 협상 상대로 인정한다.

협상의 과정: 창조적 대안을 찾아라

협상의 조율 과정은 어떨까? 협상자들의 마음속에는 저마다 결과에 대한 다른 목표가 있다. 이 정도로 마무리하면 좋겠다는 목표(target)와 만족스럽진 않지만 받아들일 수 있는 최소한의 마지노선(maginot line)이 있다.

상대의 목표와 마지노선을 알면 얼마나 좋을까? 따라서 협상가는 협상 준비와 실행 과정에서 상대의 입장과 목표를 파악하기 위해 전력을 기울여야 한다.

협상의 성공을 위해서는 협상하는 과정에서 창조적 대안을 찾는 것도 중요하다. 상대의 니즈를 파악하다가 새로운 대안을 도출할 수도 있을 것이다.

보통 협상 타결의 조건은 하나가 아니라 여럿인 경우가 많다. 여러 조건 중에서 상대와 내가 생각하는 중요도가 사안별로 다를 수 있다. 창조적 대안은 서로 다른 중요도를 감안하여 만족도를 높인 결과다. 각자에게 중요한 것을 챙기고 상대적으로 덜 중요한 것을 양보하는 방안을 만드는 것이다. 무기계약직과 정규직의 협상 과정에서 무기계약직은 동등한 대우를 확보하고 정규직은 공정한 평가와 경쟁을 약속받은 것처럼 말이다.

협상 성공 절대 불변의 비법

"준비에 실패하는 것은 실패를 준비하는 것이다."

미국의 정치가 벤저민 프랭클린이 한 말이다. 협상에서 성공하는 비법은 철저한 준비에 있다. 준비에 흘린 땀이 협상의 결과를 좌우한다. 준비 과정에서 결과가 결정된다. 협상은 준비한 것을 실현하고 확인하는 과정에 다름 아니다.

협상 상대의 목표와 마지노선을 파악하는 노력, 협상 포지션을 높이기 위한 조건 등 협상에 필요한 모든 것을 빠짐없이 철저하게 준비하는 자가 협상에서 유리한 고지를 선점하는 법이다.

협상가 리더행동 점검 질문

❶ 협력을 확보하기 위해 협상에 적극적으로 나서는가?

❷ 협상을 능숙하게 진행하는가? 협상에서 성과를 만들어내고 있는가?

❸ 협상 상대의 동기를 제대로 파악하고 있는가? 협력자가 중요하게
   생각하는 거래 조건을 파악하고 있는가?

❹ 협상 포지션을 높이는 방법을 알고 있는가?

❺ 협상 초기에 유리한 제안을 할 수 있는가?

❻ 협상 과정에서 새로운 대안을 제시할 수 있는가?

❼ 협상 과정에서 상대의 목표를 파악할 수 있는가?

❽ 협상에 임할 때 충분히 준비하는가?

❾ 협상에서 필요한 사람(전문가, 조정자 등)의 도움을 받고 있는가?

협력자를 만드는 리더행동 계획

리더십캔버스를 활용하여 주변의 협력자를 파악하고 리더행동을 계획해보자.

파악

협력자에 대한 리더십캔버스의 구성 요소는 협력자의 동기, 역량, 신뢰, 협력자와의 바게닝 파워, 그리고 협력자에 대한 리더행동이다.

협력자	구성원	과업	리더	권력
협력자 동기	구성원 동기	조직 목적	리더 동기	권한부여자 동기
협력자 역량	구성원 역량	과업 목표	리더 역량	권한부여자 역량
협력자 신뢰		핵심 실행과제		권한부여자 신뢰
협력자 바게닝 파워	구성원 신뢰	핵심 자원	리더 신뢰	리더 권력과 후계자
리더행동				
협력자 리더행동	구성원 리더행동	과업 리더행동	리더 리더행동	권력 리더행동

먼저 현재의 협력자와 잠재적 협력자를 파악한다. 협력자들 각각의 역량 및 협력 동기, 신뢰, 바게닝 파워를 고려한 근원적 협력 수준을 파악한다.

이들 요소 외에 핵심 실행과제, 핵심 자원, 구성원들의 역량을 점검하고, 이를 보완하기 위한 협력의 필요성을 파악한다.

또한 협력자 리더행동과 관련한 다른 리더행동도 파악한다. 예를 들어 협력에 따른 실행과제나 핵심 자원의 변화 등에 대한 리더행동을 파악하는 것이다.

문제점 도출

협력자에 대해 파악했다면 리더행동을 계획하기에 앞서 다음의 체크리스트를 활용하여 협력자의 문제점을 도출한다.

- 현재의 협력 수준과 근원적 협력 수준이 다른 협력자는 누구인가?
- 근원적 협력 수준에 비추어 협력이 깨질 수 있는 중립적 협력자, 불안한 협력자는 누구인가?
- 문제가 발생했을 때 큰 타격을 입을 협력자는 누구인가?
- 환경 변화에 따라 더 중요해질 잠재적 협력자는 누구인가?

리더행동 계획

문제를 해결할 수 있는 협력자 리더행동을 선택하고 계획한다.

- 협력 유지 리더행동

  현재 협력자의 협력을 유지, 강화하는 행동

- 협력 확장 리더행동

  협력자를 재정의하고 잠재적 협력자를 발굴하여 협력을 확장하는 행동

- 협상가 리더행동

  협력을 설득하고 견인하는 행동

문제해결의 방법은 협력자에 대한 리더행동만이 아니다. 다른 리더행동도 복합적으로 처방해야 한다. 예를 들면 협력자의 변화에 따라 과업 목표, 실행과제, 자원 등도 함께 조정할 필요가 있다.

INITIATE

4부

함께할 것인가,
뛰어내릴 것인가

-'구성원'을 움직이는 리더의 행동

구성원

구성원들이 리더에게 바라는
첫 번째는 성과를 내는 것이다.
두 번째는 성과의 여정에서
즐거움과 성취감을 느끼고 성장하는 것이다.
세 번째는 없다.
구성원들은 끊임없이 리더를 관찰하면서
성과의 여정에 함께할지, 뛰어내릴지를 결정한다.
성과는 뒷전이고 인기를 얻기 위해 노력하거나
리더 놀이에 빠진 리더에게는 유능한 인재들이 등을 돌린다.

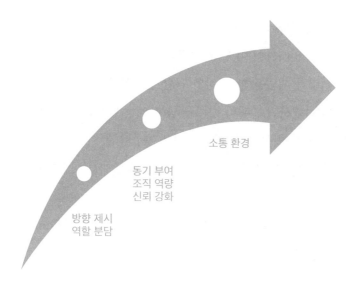

소통 환경

동기 부여
조직 역량
신뢰 강화

방향 제시
역할 분담

　　구성원들은 조직의 과업을 수행하는 주체다. 리더는 그들이 과업을 제대로 수행하게끔 돕는 조력자이고, 리더십은 과업과 구성원들에게 미치는 영향력이다. 수행은 구성원들의 몫이지만, 이를 지휘하고 뒷받침하는 것은 리더의 몫이다. 결과에 대한 책임도 리더의 몫이다. 두 역할이 맞아떨어질 때 과업은 수행되고 수립한 목표를 이룰 수 있다.

　그런데 구성원들의 역할을 자신의 역할로 착각하는 리더들이 있다. 구성원들이 할 일을 리더가 나서서 챙기고 개입한다. 심지어 방해를 서슴지 않는 리더도 있다. 지시와 코칭은 필요하지만 어디까지나 도움이 되는 선에 국한해야 한다. 구성원이 잘할 수 있는 일을 굳이 간섭하는 것은 구성원의 권한을 침해하는 것이다.

　역할을 혼동하는 리더들은 대개 자신이 해야 할 일이 무엇인지 모른다. 그래서 구성원들이 하는 일에 또 하나의 구성원으로 참여하는 것이다. 흔히 신임 리더들이 이 같은 잘못을 범한다. 리더 경험이 없는 팔로워가 막 리더가 되었을 때 자신의 역할에 충실하지 못한다. 지시를 받고 업무를 수행하던 습관이 그대로 남아 있는 탓이다. 조직을 이끌어본 경험이 없는 전문가들에게서도 같은 모습을 볼 수 있다. 뛰어난 지식과 경험을 갖추고 있을지 몰라도 리더십에 대해서는 초보자일 뿐이다.

구성원들에 대한 리더행동을 상사에게 의존하는 코미디 같은 상황도 연출된다. 자신의 상사를 찾아가 세세한 지시를 받고 구성원들에게 그대로 전달한다. 역으로 구성원들의 의견도 상사에게 충실하게 보고한다. 상사가 말한다.

"도대체 뭐 하는 건가? 내 지시와 구성원들의 의견을 중간에서 전달하려고 리더가 되었나?"

리더는 전달자가 아니다. 의사결정을 하고, 방향을 제시하고, 역할을 분담하는 것이 리더가 할 일이다. 동기부여, 역량 강화, 신뢰 제고를 통해 구성원들이 제대로 일할 수 있는 환경을 만드는 것이 리더의 역할이다. 자신의 일을 우선하면서 구성원들의 일을 돕는 것이다.

리더와 구성원들은 한 팀이지만 그것이 같은 일을 함께 해야 한다는 뜻은 아니다. 리더에게는 리더가 할 일이 있고 팔로워에게는 팔로워가 해야 할 일이 따로 있다. 각자의 일에 충실할 때 성과를 거둘 수 있다.

13
결정에 따르게 하다

나쁜 결정은 딱 2가지다.
하나는 결정의 시기를 놓치는 것이고,
다른 하나는 전에 내린 결정이 잘못되었음을
알면서도 바꾸지 않는 것이다.
- 제임스 피너텔리, 유니소스에너지 회장 -

도대체 무슨 말이야?

"직원들이 제 말을 따르지 않습니다. 분명히 이야기했는데 제대로 실행하지 않습니다. 제 말이 그런 뜻이었냐고 물어보는 경우도 있습니다. 아예 지시를 들은 적이 없다는 직원도 있습니다.

무시당하는 기분이 듭니다. 솔직히 화가 납니다. 이제는 직원들과 일할 수 없을 것 같아요."

리더들로부터 많이 듣는 이야기다. 나는 그들에게 다음과 같은 말을 들려준다.

말은 같아도 이해는 다를 수 있다

"내가 저번에 분명히 말했잖아? 그런데 왜 내 말대로 안 하는 거야?'라며 구성원을 꾸짖는 리더의 모습을 많은 조직에서 보아왔습니다. 왜 이런 일들이 벌어질까요?"

그 이유는 생각을 정확히 전달하기가 그만큼 쉽지 않기 때문이다. 자신의 뜻을 제대로 전달하는 리더들조차 같은 문제를 종종 겪는다.

사람들은 누군가의 이야기를 들을 때 생각을 하며 듣는다. 상대방의 뜻이 무엇인지 파악하려는 것이다. 하지만 대개는 자신의 생각을 중심으로 듣는다. 이야기를 듣다가 관심 있는 내용이 나오면 그것에 집중한다. 그런데 리더와 구성원들의 관심이나 생각이 다른 경우는 너무도 많다. 그러다 보니 리더의 의도와 다르게 전달되는 일이 생기는 것이다. 리더가 충분히 설명하지 않거나 모호하게 표현하는 경우는 더욱 그렇다. 구성원들은 자신의 생각에 기초해서 이해할 수밖에 없다.

회의 다음엔 해석회의

회의를 마친 구성원들이 다시 모여서 회의를 하는 경우를 많이 본다. 리더가 지시한 사항을 어떻게 처리할 것인지 논의하는 회의가 아니다.

"팀장님이 말씀하신 게 도대체 뭐야?"

리더가 한 말을 두고 해석하는 웃지 못할 풍경이 벌어진다. 그리고 대부분의 해석회의는 리더의 '말씀'을 명확히 파악하지 못하고 마무리된다. 아무래도 알 수 없으니 다시 물어보자는 결론에 이르고 만다. 거기서 끝이 아니다. 누가 물어볼지 서로 눈치를 본다. 웃을 일이 아니다. 조직에서 자주 일어나는 일이다.

명확히 제시하고 다시 확인하라

자신의 생각을 정확히 이해하도록 전달하는 것은 의외로 쉽지 않다. 정확히 이해시켰다고 해도 공감을 얻기는 더 어렵다.

학교에 다닐 때 가장 하기 싫었던 것이 방학숙제였다. 미루고 미루다가 방학이 끝나는 마지막 날 겨우 숙제를 하곤 했다. 왜 숙제를 해야 하는지 공감하지 못했기 때문이다. 회사에서도 그렇다. '아무리 생각해봐도 잘못된 방향 같은데, 하라면 해야지 어쩌겠어? 팀장이 시킨 일인데…'라며 마지막 날 방학숙제를 해치우듯 일을 하는 경우가 허다하다. 공감하지 못하니 몰입할 수가 없다.

마음을 움직이는 의사 전달이 중요하다. 여기서 모든 일이 시작된다. 리더라면 다음의 4가지를 꼭 습관으로 만들어야 한다.

구체적으로 제시하라

절대 모호해서는 안 된다. 모호한 것은 실행으로 옮겨지지 않는다. 반드시 구체적으로 제시해야 한다.

충분히 설명하라

왜 그 방향으로 가야 하는가를 충분히 이야기해야 한다. 지시하면 따라야 한다는 식의 태도는 곤란하다.

함께 토론하라

리더는 구성원들의 생각을 이끌어내야 한다. 그러려면 질문해야 한다. 리더의 생각을 말하기 전에 질문을 던지는 것이 좋은 방법이다. 하지만 쉬운 일이 아니다. 구성원들은 자신의 생각을 리더에게 이야기하기를 무척 조심스러워한다.

설득과 공감은 생각을 이끌어내기보다 더 어렵다. 서로 다른 생각들을 하나로 모으는 일은 리더십에서도 지난한 과제다. 방법은 충분한 토론을 거치는 것이다. 토론으로 각자의 의견을 개진하고 검토하다 보면 설득과 공감의 토대가 마련된다. 생각지 못한 더 좋은 대안을 발견할 수도 있다. 합의와 공감은 그렇게 만들어진다.

확인하고 또 확인하라

확인하지 않으면 알 수 없다. 리더가 한 말이 모두에게 전달되었는지, 설득은 이루어졌는지, 합의한 내용은 이행되고 있는지 확인해야 한다. 문제는 항상 확인하지 않는 데서 발생한다. 과업 달성에 이르는 길도 확인하고 또 확인하는 가운데 보이는 것이다.

리더가 구성원들의 명확한 이해와 인정, 공감을 얻는 것은 어려운 숙제임에 틀림없다. 하지만 리더가 해야 할 일이고 져야 할 책임이다. 구성원들 탓을 해서는 안 된다.

최적의 의사결정을 위한 기준 둘

리더는 수시로 결정의 순간에 직면한다. 조직의 목적과 일치하는 과업의 설정과 추진 계획, 역할분담, 평가와 보상, 상벌을 주관하고 결정해야 한다. 결정한 다음 실행 과정에서도 수많은 문제들에 부딪혀 해결 방안을 찾고 시의적절하게 의사결정을 내린다.

의사결정에서 고려해야 할 것은 다음의 2가지다.

실패한 결정 80%는 타이밍 탓

중요한 의사결정은 대부분 불확실성 위에서 이루어진다. 리더는 늘 최선의 결정을 위해 노력해야 하지만 꼭 옳은 결정만 내릴 수 있는 것은 아니다. 그렇다고 옳은 결정을 위해 계속 고민만 하며 마냥 미룰 수는 없는 일이다.

모든 일이 그렇지만 의사결정만큼 타이밍이 중요한 것도 없다. 빨라서도 안 되고 늦어서도 안 된다. 필요한 시점에 적절한 결정을 내려야 한다. "실패한 결정 10개 중 8개는 판단을 잘못해서가 아니라 '제때' 결정을 못 내렸기 때문에 실패한 것"이라는 짐 콜린스(미국 경영사상가)의 말처럼 타이밍은 의사결정에서 핵심이다.

이해와 가치의 첨예한 충돌이나 리스크가 조직의 존립을 위협할 정도가 아니라면 리더는 불확실성 속에서도 과감한 결단을 내릴 줄 알아야 한다.

더 좋은 결정은 토론에서 나온다

리더의 의사결정은 타이밍을 맞춰야 할 뿐만 아니라 토론을 거쳐야 한다. 구성원들과 토론하면 좋은 아이디어로 더 나은 결정을 할 수 있다. 또한 자연스럽게 구성원들의 이해와 공감을 얻어낼 수 있다.

하나의 목표, 놀라운 성공

의욕이 넘치는 리더들이 흔히 보이는 문제가 많은 목표를 수립하는 것이다. 하지만 가장 중요한 것은 선택과 집중이다. 많은 목표보다 무엇을 포기할 것인가를 고민해야 한다. 가능하다면 명확한 하나의 목표를 설정하는 것이 좋다.

1999년 초, 미국의 실리콘밸리에서 날아온 한국인 창업자를 만났다. 현대그룹의 미국 주재원으로 일했던 그는 벤처기업인으로 변신해서 투자를 유치하려고 한국에 온 것이었다.

당시 이동통신회사들의 주된 관심사는 새로운 통신기술을 확보하는 것이었다. 이를테면 건물 내부의 좁은 지역에서도 높은 통신 품질을 유지하는 기술을 갖고자 했다. 그와 더불어 이동통신회사들의 니즈를 만족시키는 제품을 만들려는 창업기업들이 나타났다.

1년 만의 목표 달성 비결, 오직 M&A뿐

　　그때 등장한 기업들 중 하나가 실리콘밸리에서 창업한 엑시오커뮤니케이션즈(Exio Communications)였다. 대표인 주 사장은 단기간에 기업을 성장시켜 고가에 매각하는 놀라운 성공을 거두었다. 2000년 4월, 미국 캘리포니아주 산호세에서 엑시오를 시스코에 1억 5,500만 달러에 매각하는 계약이 체결되었다. 창업 1년 3개월여 만의 일이었다.

　2000년 가을, 산호세에서 주 사장을 만나 이야기를 들었다.

　"저의 목표는 빠른 시간 내에 성공을 거두는 거였어요. 그래서 유사한 제품을 만드는 기업들과 다른 전략을 취했어요. 빠르게 큰돈을 벌려면 회사를 매각하는 것 외에는 답이 없었어요. (중략) 저의 성공 비결은 목표를 오직 M&A에 둔 것입니다."

　그의 말처럼 엑시오의 다른 점은 하나의 목표였다. 기업의 매각 외에 다른 목표는 생각하지 않았다. 다른 창업자들도 매각을 목표로 삼았으나 유일한 목표는 아니었다. 기업의 매출 증대와 상장(IPO, Initial Public Offering)도 목표로 설정해두고 있었다.

　"저는 고객이 단순했어요. 회사를 M&A할 만한 회사만이 고객이었지요. 그러다 보니 회사가 할 일도 단순했습니다. M&A하고 싶은 회사를 만드는 데만 집중했지요. 그것이 저의 상품개발이었어요. 경쟁사들도 회사를 매각한다는 목표를 가지고 움직였지만 그들은 올인하지 않았습니다. 다른 목표들도 가지고 있었으니까요. 집중력의 차이가 다른 경쟁사들을 제치고 회사 매각에 성공하도록 도운 것 같습니다."

엑시오는 M&A를 추진하는 한 가지 일만 했고, 경쟁사들은 여러 가지 일을 병행했다. 그것이 매각이라는 동일한 목표의 성패를 갈랐다.

그렇다면 경쟁사들이 잘못한 것일까? 그렇진 않다. 상품을 개발하여 고객에게 공급하고 회사를 성장시키는 것, 상장이나 M&A를 통해 수익을 거두는 것은 잘못이 아니라 일반적인 성공의 방식이다. 하지만 주 사장은 이를 뛰어넘어 자신의 목적에 따른 목표를 하나로 정하고 실행에 집중했던 것이다.

목표는 단순할수록 좋다. 리더와 구성원들의 집중력과 실행력을 높여준다. 리더는 이 장점을 최대한 활용해야 한다.

명확한 목표 제시만으로는 부족하다

과업의 성패는 목표 제시에 달려 있다. 목표를 명확하게 제시해야 구성원들이 혼란을 겪지 않고 성공적으로 과업을 실행할 수 있다.

사람들에게 "학교 다닐 때 학교의 교육 목표나 과목의 학습 목표가 무엇인지 기억하십니까?"라고 물어보면 대부분 떠올리지 못한다. 졸업한 지 얼마 안 되는 사람들조차 잘 기억나지 않는다고 말한다. "그러면 졸업 요건은 기억이 나십니까? 이수 과목의 평가 기준이나 장학금의 수령 요건은요?"라는 질문에는 대체로 정확히 대답한다. 이유가 뭘까? 목표보다 평가에 관심이 많기 때문이다.

회사에서도 같은 현상을 발견할 수 있다. 목표를 알고 있는 사람은 별로 없지만 평가가 어떻게 이루어지는지에 대해서는 너도나도 잘 알고 있다. 에너지도 평가에 훨씬 더 많은 양을 쏟아붓는다. 보상은 말할 것도 없다.

목표와 함께 평가, 보상을

목표를 제시할 때는 반드시 평가와 보상을 함께 다루어야 한다. 그리고 한 방향으로 정렬시켜야 한다. 목표는 평가의 기준이 되고, 결과는 보상의 기준이 된다.

목표, 점검, 평가, 보상은 성과를 창출하는 일련의 프로세스다. 조직 운영의 핵심이다. 점검은 중간 평가다. 보상과 연계되지 않지만 문제를 토론하고 해결 방안을 찾아 목표 달성을 위해 노력하게 하는 과정이다.

목표와 평가는 성과만을 대상으로 하지 않는다. 성과를 내는 과정에 필요한 것들도 대상이 될 수 있다. 예를 들어 구성원의 자세와 역량의 개선도 평가의 대상일 수 있다. 이에 대한 목표를 제시하고, 평가하고, 피드백하여 보상과 연계시킬 필요가 있다.

목표는 도전적으로, 다만 고려할 것은…

목표는 가능하면 높게 설정하는 것이 효과적이다. 높은 목표는 구성원들의 도전의식을 키워 성과를 극대화하고, 성취감을 고취할 수 있다.

도전적인 목표를 제시할 때 고려할 것은 2가지다.

실행할 수 있는가?

실행할 수 있어야 한다. 실행 불가능한 목표는 구성원들의 사기를 꺾는다. 하지만 실행 가능성만 고려해서도 안 된다. 자칫 도전적이지 않은 만만한 목표에 그칠 우려가 있다.

실행 가능성과 도전성을 충족할 수 있는 방법은 목표 수준을 3가지로 나누어 설정하는 것이다. 충분히 달성 가능한 수준, 궁극적으로 달성하고 싶은 최고 수준, 그리고 도전적이지만 달성 가능한 수준으로 나누고, 도전적이지만 달성 가능한(Challenging But Achievable, CBA) 수준을 목표로 설정하는 것이 좋다.

어떻게 평가할 것인가?

평가는 목표 이상으로 중요하다. 평가에는 2가지 방식이 있다. 달성도와 개선도를 평가하는 것이다. 달성도는 목표를 얼마나 달성했는가를, 개선도는 과거에 비해 얼마나 개선되었는가를 중심으로 평가하는 것이다. 나는 개선도를 중심으로 평가 방법을 만드는 것을 추천한다. 개선도를 평가하기에 한계가 있다면 달성도와 개선도 평가를 병행하면 된다.

예를 들어 2명의 구성원을 평가해보자. 한 명은 도전적 목표를 수립했는데 달성 수준에 조금 미치지 못했다. 하지만 꽤 많은 개선을 이루었다. 다른 한 명은 비교적 쉬운 목표를 정하고 상회하는 성과를 냈다. 하지만 그리 큰 개선은 없었다. 누가 더 좋은 평가를 받아야 하는가?

개선도 중심의 평가 방법은 목표를 도전적으로 설정할 수 있다는 이점이 있다. 비록 달성하지 못하더라도 노력한 만큼 평가를 받을 수 있고, 구성원의 성취욕을 자극할 수 있다.

평가는 공정하게, 보상은 반드시

공정한 평가는 공정한 방법으로 가능하다. 또한 약속한 보상은 반드시 지켜야 한다. 그래야 구성원들의 열정에 보답하고, 동기 수준을 제고하고, 서로 신뢰를 쌓을 수 있다.

방향제시 리더행동 점검 질문

① 의사결정과 방향 제시를 제때 하고 있는가?

② 의사결정과 방향 제시를 한 사안을 기록으로 남겨 공유하는가?

③ 의사결정을 할 때 구성원들과 충분히 토론하는가? 나와 다른 의견을 경청, 토론하여 반영하는가?

④ 구성원들의 공감을 얻기 위해 적극적으로 설득하는가?

⑤ 구성원들에게 도전적 목표를 제시하고 있는가?

⑥ 목표와 동시에 평가와 보상 방법을 제시하는가?

⑦ 목표 달성도와 함께 실적 개선도를 평가하는가?

⑧ 공정하게 평가하고, 보상 약속을 지키는가?

⑨ 목표 제시, 점검, 평가, 보상의 관리 프로세스를 설계, 운영하고 있는가?

⑩ 의사결정과 방향 제시 방식에 대해 구성원들이 지지하는가?

14

역할을 분담하다

가장 유능한 리더는
하고자 하는 바를 수행하는
뛰어난 자질의 사람들을 발굴하여
옆에 둘 수 있는 탁월한 감각을 지닌 사람이다.
또한 사람들이 맡은 일을 수행하고 있을 때,
그들이 무슨 일을 하든 간섭하지 않는
충분한 자기 절제력을 지닌 사람이다.
- 시어도어 루스벨트, 미국 대통령 -

동료가 아니라 적입니다

"본부장으로 승진한 기쁨은 잠시뿐이었습니다. 본격적으로 사업을 추진하려는데 큰 암초에 부딪혔습니다. 부서 간 협력이 이루어지지 않습니다. 매우 도전적인 사업이라서 힘을 모두 합해도 목표를 달성할까 말까 한데, 협력은 고사하고 잦은 갈등으로 분위기가 엉망일 때가 많습니다. 콩가루 조직이다 보니 사업은 거의 답보 상태입니다."

고민을 털어놓은 고 본부장이 내게 조언을 구했다. 그는 동료인 지원본부장과 갈등을 겪고 있었다.

"지원본부장이 사사건건 반대만 합니다. 전체 조직의 목적을 달성하기 위해 꼭 필요한 사업을 추진하는데, 이 핑계 저 핑계 대면서 도와주지 않습니다. 동료가 아니라 적입니다."

고 본부장은 사업 추진을 위해 자금과 인력을 지원받아야 했다. 하지만 지원본부장이 비협조적으로 나와 배신감마저 느낄 정도였다. 기업이나 공공기관에서도 종종 벌어지는 일이다.

"대표이사는 뭐라고 하나요? 사업 추진은 그도 동의한 것 아닌가요? 그에게 부탁해서 지원본부장에게 지시하도록 하면 되지 않나요?"

언뜻 생각하면 해법은 간단하고 쉬워 보인다. 상위 리더가 명쾌하게 결정하면 하위 리더들 간 갈등도 금방 해결할 수 있을 것이다.

"당연히 부탁을 했지요. 사장님도 도와주라고 지원본부장에게 지시했고, 지원본부장도 돕겠다고 말했습니다. 하지만 그는 애초에 저를 도울 마음이 없었습니다. 교묘하게 기술적인 어려움을 들먹이며 차일 피일 미루기만 합니다. 심지어 방해하기도 합니다. 제가 요청해서 대표이사 주재하에 몇 번 미팅을 가졌지만, 그래도 진척되지 않습니다. 말로만 지원할 뿐 실행이 따르지 않습니다. 어찌 된 일인지 최근에는 대표이사마저 지원본부장의 입장을 들어주고 저를 답답하게 생각하는 눈치입니다."

리더가 조정자 역할을 잘하면 웬만한 갈등은 어렵지 않게 해소할 수 있다. 하지만 실제로는 그리 녹록지 않다. 특히 리더들 사이의 갈등은 상위 리더의 조정과 지원을 얻기가 어렵다. 왜 그럴까?

상위 리더가 우매하면 그럴 수 있다. 능력이 안 되는 것이다. 하지만 똑똑한 상사라도 그럴 가능성이 있다. 왜냐하면 위에서 볼 때 두 본부장의 주장은 각기 일리가 있기 때문이다. 고 본부장의 사업도 중요하지만 지원본부장의 과업 역시 중요할 수 있다. 전체 과업의 성공을 위해서는 두 조직 모두 목표를 달성하는 것이 필요하다. 따라서 고 본부장은 이 문제를 스스로 풀어야 한다. 어떻게 해야 할까?

불가피한 갈등의 합의점

"지원본부장은 뭐라고 하나요? 그의 생각은 뭔가요?"

"제가 제 조직의 입장만 고집하고 지원본부와 회사의 상황을 고려하지 않는다고 말합니다. 현실적으로 자원을 지원하기가 어려운데, 무리한 요구를 하고 있다는 겁니다. 지원하려면 자금을 추가적으로 확보해야 하고 회사의 예산을 조정해야 하는데, 쉽지 않고 시간도 많이 걸린다고 합니다. 인력에 대해서도 비슷한 이야기를 합니다. 기존의 인력을 재배치하기는 곤란하고 결국 사람을 새로 뽑아야 하는데 비용과 시간이 많이 든다는 겁니다."

"그것은 지원본부장이 하는 일에 대한 이야기이고, 본부장님이 추진하는 사업에 대해서는 어떻게 생각하고 있나요?"

"회사의 중요 프로젝트이기 때문에 지원본부장도 사업의 성공이 중요하다고 생각하는 것 같습니다. 더구나 대표이사가 많은 관심을 갖고 있어 지원을 해야겠다는 마음은 갖고 있는 것 같습니다."

"고 본부장에게 협력할 동기는 있는 거네요. 그러면 지원본부장이 돕지 않는 이유가 예산과 인력의 확보와 배분의 어려움 외에는 없는 건가요?"

나는 그들 간의 협력을 가로막는 다른 요인이 없는지 궁금했다. 갈등을 해결하려면 원인을 정확히 파악해야 한다. 갈등에는 다양한 원인이 있다. 업무 자체뿐만 아니라 업무 외적인 요소도 영향을 미치고, 경쟁관계나 인간관계 역시 협력의 갈등 요인으로 작용한다. 이것이 오히려 결정적일 때가 많다.

다행스러운 점은 두 본부장이 경쟁관계이지만 협력할 수 없는 정도는 아니고, 좋은 인간관계는 아니지만 협력에 영향을 끼칠 만큼은 아니라는 것이었다. 두 사람 모두 공사 구분이 명확한 편이고, 업무 능력과 자세에 대해서는 서로 인정하고 있었다.

"그러면 본부장님이 할 일은 2가지인 것 같네요. 우선 명분을 가지고 설득하는 거예요. 하지만 명분만 가지고는 약해요. 지원본부장의 동기도 충족시킬 수 있는 방안을 만들어야 해요. 양 조직의 목표에 맞는 안을 만들어야 합니다. 서로의 양보는 불가피해요. 이것이 협력의 첫걸음입니다."

협력을 견인하려면 자신과 상대의 입장을 모두 고려해야 한다. 두 본부장의 목표는 모두 회사에 중요한 부분이다. 따라서 사업의 원활한 추진이라는 고 본부장의 목표와 자원의 합리적 배분이라는 지원본부장의 목표 모두를 달성할 수 있는 방안을 만들어야 한다. 그래야 설득할 수 있고 대표이사의 지지도 얻을 수 있다.

두 본부장의 합의

고 본부장은 자신이 요구한 예산과 인력의 규모를 줄이는 안을 만들었다.

"이 정도면 두 조직의 명분과 동기를 만족시킬 수 있을 것 같습니다. 사장님도 회사 전체의 관점에서 만족하실 거라고 생각합니다."

그가 마련한 방안은 훌륭했다. 서로 조금씩 양보하지만 두 조직의 목표를 달성할 수 있는 방법이었다.

"좋네요. 이 방안대로 하면 부담은 여전히 있겠지만 지원 규모가 줄어서 지원본부장도 받아들일 수 있을 겁니다. 대표이사도 수용할 것 같고요. 하지만 제대로 된 협력을 위해서는 방안을 하나 더 준비해야 합니다. 그와 거래할 무언가를 더 찾아보면 좋을 것 같습니다. 명분과 동기 외에 거래할 것 말이지요. 지원본부장을 도울 만한 것 하나쯤은 본부장님이 가지고 있지 않나요?"

고 본부장은 두 조직의 목표 달성이라는 설득과 병행하여 지원본부장이 원했던 인력을 지원해주기로 했다. 사업본부의 인력을 지원본부로 이동할 수 있게 도운 것이다. 그렇게 해서 두 본부장의 협력이 이루어졌고, 고 본부장은 사업 추진에 필요한 자원을 확보하여 성과를 내기 시작했다.

고 본부장은 협력을 도모하는 과정에서 자신의 사업 역량뿐만 아니라 협력에 대한 자세와 능력을 인정받았다. 지원본부장과의 협력도 보다 원활해졌고, 대표이사와 신뢰관계도 더 깊어졌다. 이후 그는 자신이 이룬 성과와 조정 능력을 기반으로 전무이사로 승진했다.

고 본부장의 사례는 조직에서 흔히 볼 수 있는 모습이다. 조직에서 갈등이 일어나는 이유는 뭘까? 조직이 분화되어 있기 때문이다.

조직이 분화하고 계층이 형성되면 갈등은 불가피하게 일어난다. 어떠한 형태로든 업무와 책임이 따로 존재하기에 각자의 목표와 입장에 따라 서로 부딪히는 상황이 발생한다. 이를 슬기롭게 조정해야 한다.

역할분담은 실행력을 중심으로

조직은 성장하면서 분화되고 다양한 계층을 형성한다. 한 사람이 통제할 수 있는 범위, 즉 통제 범위(span of control)가 제한적이기 때문이다. 가능한 통제 범위에 따라 조직이 나뉘고, 계층이 생기고 역할분담이 이루어지는 것이다.

수직적 분화는 상하로 리더 계층을 형성하고 위계적으로 역할을 분담한다. 조직 전체를 책임지는 최고 리더, 그 아래에 중간 리더, 현장 리더들이 존재한다. 반면에 수평적 분화는 기능적 역할분담이다. 최고 리더 아래에 기능별로 리더들을 배치한다. 대표이사 아래에 스태프 기능을 담당하는 지원본부장과 사업을 책임지는 고 본부장이 있는 식이다.

가장 효율적인 역할분담

최고 리더이건 중간 리더이건 리더는 모든 일을 혼자서 수행할 수 없다. 목표를 달성하기 위해 필요한 실행과제들을 구성원들에게 나누어주어야 한다. 이를 어떻게 하느냐에 따라 조직의 발전과 퇴보가 판가름 난다.

실행력 중심으로 역할분담하라

역할분담에서 핵심은 실행력을 고려하는 것이다. 성과를 낼 수 있는 실행력을 기준으로 삼아야 한다.

역할분담을 했는데, 성과를 내기에 부족한 경우가 있을 수 있다. 뛰어난 인재만 있는 것은 아니기 때문이다. 이때는 그의 수준을 감안하여 역할분담의 범위를 축소해주어야 한다.

일이 아닌 사람 중심으로 조직을 설계하라

역할분담은 조직을 설계하는 과정이기도 하다. 조직에는 다양한 형태가 있다. 기능별 조직도 있고 사업별 조직이나 고객별 조직도 있다. 이를 혼합한 형태의 조직도 있다. 어떤 방식으로 조직을 설계하느냐는 상황에 따라 다르다. 상황에 맞게 조직을 설계해야 한다.

조직을 설계하는 데 꼭 염두에 두어야 할 것이 있다. 리더들이 흔히 놓치기 쉬운 부분인데, 일이 아니라 사람 중심으로 조직을 설계하는 것이다. 일을 분담하려고 조직을 설계하는 것이니 일 중심으로 하는 것이 당연하다고 여길 수 있지만, 누가 그 조직의 리더가 될지 고려해야 한다.

조직 설계보다 중요한 것이 성과다. 성과를 낼 수 있는 리더의 실행력을 중심으로 조직을 조정해야 한다. 실행력이 강한 리더라면 몇 개의 조직을 통합해서 맡길 수도 있을 것이다. 반대로 실행력이 약한 리더는 조직을 축소시킬 필요가 있다.

실행을 뒷받침하는 환경을 만들어라

역할을 분담한 구성원(중간 리더, 현장 리더, 실무자 등)이 소신껏 목표를 향해 나아갈 수 있도록 필요한 환경을 만들어주어야 한다.

환경의 핵심은 권한이다. 실행할 수 있는 권한을 충분히 부여해야 한다. 권한은 역할 수행에 필요한 의사결정, 자원의 동원 등 다양하다. 리더가 리더십을 발휘할 수 있도록 지원해야 한다.

어디까지 맡기고 어디까지 챙길 것인가

실행력을 중심으로 역할분담을 하고, 조직을 설계하고, 권한위임을 했다면 그것으로 일이 끝난 것인가? 그렇지 않다. 일을 분담한 중간 리더, 현장 리더, 실무자가 자기 역할을 제대로 수행하도록 도와야 한다. 이를 위해 리더가 할 일은 3가지다.

개입의 룰을 정하라

어디까지 맡기고 어디까지 챙길 것인지 룰을 정해야 한다. 어떤 일을 점검하고 무엇에 대해 의사결정할 것인지 개입의 원칙을 명확히 하는 것이다.

리더가 위임한 일의 진행 상황을 점검하는 것은 위임한 권한을 침해하는 것이 아니다. 조직의 목표 달성을 위해 각각의 과제가 제대로 진행되는지 파악하는 것은 리더의 책무이기도 하다. 그렇다고 일일이 확인하고 보고받을 필요는 없다.

사실 계획대로 순조롭게 진행되는 일은 많지 않다. 중간중간 예기치 않은 문제들이 발생한다. 위임받은 사람이 알아서 해결할 수 있으면 다행이지만, 그렇지 않다면 함께 해결책을 도모하고 필요한 도움을 적기에 제공해야 한다. 이를 위해 점검하고 개입하는 것이다.

맡긴 것은 혀를 깨물고라도 지켜라

리더가 점검, 의사결정, 지원 등을 위해 만든 룰은 반드시 지켜야 한다. 위임했으면 권한을 온전히 행사할 수 있게 해주어야 한다. 그렇지 않으면 혼란이 발생한다. 실행을 주도하지 못해 일이 잘 돌아가지 않는다. 또한 리더의 불필요한 개입으로 권한위임의 의미가 없어지고, 구성원들의 의욕이 크게 저하된다.

리더가 보기에 역할을 맡은 사람이 잘 못하는 경우가 있을 수 있다. 그렇더라도 아주 심각한 것이 아니면 개입하고 싶은 마음을 누르고 참아야 한다. 룰이 깨지고 작은 것을 얻으려다 큰 것을 놓치게 된다. 혀를 깨물고라도 개입하지 말아야 한다.

역할 간 갈등을 직접 해결하라

분담한 역할 사이에서 갈등이 발생할 수 있다. 리더는 이를 조정해주어야 한다. 그런 면에서 앞에서 고 본부장의 대표이사가 보여준 리더십은 문제가 있었다.

본부장들은 상대의 의견을 인정하고 설득하면서 서로의 필요를 만족시킬 수 있는 카드를 만들어 제안해야 한다. 하지만 대표이사도 자신의 역할을 수행해야 한다. 조직 내부의 문제를 먼저 파악해서 요청이 없어도 적극적으로 개입하여 해결해야 한다. 그런데도 대표이사는 이러한 조정의 역할에 충실하지 않았다. 결국 두 본부장은 많은 시간과 노력을 들여 문제를 해결해야 했다.

대표이사는 어떻게 조정을 했어야 할까? 먼저 원칙을 세워야 한다. 원칙은 조직 전체의 목적과 과업을 달성하는 것이다. 원칙을 분명히 한 다음 양측의 입장을 듣고, 서로 조정안을 내게 하면 된다. 이들을 비교하고 보완하여 합의를 이끌어내는 의사결정을 내리는 것이다.

고 본부장의 대표이사와 같은 리더가 이끄는 조직에서는 갈등이 해결되기 어렵다. 성과를 내기는 더욱 어렵다. 결국 대표이사는 얼마 안가 경질되고 말았다. 조직의 갈등을 봉합하고 화합을 이끄는 리더십의 부족이 중요한 이유 중 하나였다.

권한을 위임해도 책임은 위임되지 않는다

리더는 권한위임이 책임마저 위임하는 것이 아니라는 점을 명심해야 한다. 권한은 위임하지만 책임은 리더가 함께 져야 한다.

"권한위양을 빙자해 책임을 회피하는 것처럼 무책임한 것이 없다. 무책임한 권한위양은 조직의 질서를 혼란시키고 활력을 저하시킨다. 부하에게 지울 수 있는 책임은 한정된 직무상의 책임에 국한되며 일의 성사, 공과에 대한 책임은 당연히 책임자가 져야 한다. 명심해야 할 것은 권한을 위양하여도 책임은 그대로 남는다는 책임불변의 원칙이다."

이병철 삼성 창업자의 말이다. 권한위임은 책임을 떠넘기는 것이 아니다. 책임은 리더가 지는 것이다. 위임한 권한에 대한 최종 책임은 리더의 몫이다.

역할분담 리더행동 점검 질문

❶ 과업의 성공을 위해 구성원들이 수행해야 할 과제를 알고 계획하고 있는가?

❷ 이 과제들을 빠짐없이 역할분담했는가?

❸ 구성원들 각자는 과제들을 제대로 실행해낼 수 있겠는가? 실행이 어려울 때 당신은 그를 돕고 있는가? 성과를 내는 것이 가능한가?

❹ 충분한 권한을 부여했는가? 그들은 각자의 권한을 적절히 활용하고 있는가?

❺ 위임받은 리더가 권한을 오남용하고 있지 않은가?

❻ 위임받은 리더들 사이에 갈등은 없는가? 있다면 개입하여 조정하고 있는가?

❼ 역할분담한 부분에 불필요한 개입을 자제하는가?

❽ 역할별 목표, 점검, 평가, 보상, 보고, 개입(의사결정 등)의 룰이 명확한가? 각자는 이를 제대로 실행하고 있는가?

❾ 역할분담과 권한위임에 대해 구성원들과 합의했는가?

❿ 이에 대해 구성원들이 지지를 보내는가?

15
동기를 부여하다

만약 당신이 배를 만들고 싶다면
사람들을 불러모아 목재를 가져오게 하고
일을 지시하고 일감을 나눠주는 일을 하지 마라!
대신 그들에게 저 넓고 끝없는 바다에 대한
동경심을 키워줘라.
- 생텍쥐페리, 프랑스 소설가 -

공무원들은 왜 그랬을까?

"정부는 2017년 127조 원을 구매했습니다. 하지만 스타트업이나 중소기업이 혁신적인 상품을 만들어도 정부는 구매하지 않습니다. 구매 예산의 1%, 나아가 3% 정도를 혁신상품 구매에 사용한다면 산업의 혁신 그리고 스타트업과 중소기업에 큰 활력을 불어넣을 것입니다. 또한 이들의 기술을 접목하여 정부의 서비스도 획기적으로 나아질 수 있습니다."

보고를 받은 문재인 대통령은 공감을 표하며 적극적으로 추진하라고 지시했다.

암초에 걸린 혁신공공조달 프로젝트

곧이어 혁신공공조달 프로젝트가 추진되었다. 태스크포스가 청와대와 기획재정부에 각각 설치되었다. 나는 청와대 태스크포스를 맡아 프로젝트를 추진하는 한편, 기획재정부의 범부처 태스크포스와 협력했다. 그런데 큰 암초에 부딪혔다. 구매를 담당하는 공무원들이 소극적이었기 때문이다.

"취지에는 100% 동의합니다. 혁신상품을 구매하는 것이 혁신성장과 창업 붐 정책뿐만 아니라 정부의 경쟁력 강화에 도움이 될 수 있기 때문입니다. 하지만 실행하기가 어렵습니다."

혁신상품 공공조달은 구매를 담당하는 정부부처의 공무원들과 지방정부 그리고 공공기관의 담당자들이 적극적으로 구매에 나서야 성공할 수 있다. 하지만 그들은 구매를 꺼리고 있었다.

구매를 꺼리게 한 근본 요인

청와대와 범정부 태스크포스는 공무원들이 보이는 반응의 원인부터 파악했다. 알고 보니 동기의 문제였다. 스타트업과 중소기업의 육성, 정부 서비스의 발전이라는 가치와 명분에는 공감하고 추진할 동기도 있었지만, 적극적인 구매를 결정적으로 가로막는 큰 장애 요인이 있었다. 감사원의 감사였다.

그때까지 공무원들은 혁신상품을 구매한 전례가 없었다. 새로 개발한 상품이니 전례가 없는 것은 당연한 일이기도 했다. 그런데 이것이 문제였다. 만약 구매한 혁신상품에 문제가 생겨 감사를 받게 되면 사용한 적이 없는 상품을 구매했다고 추궁을 당하고 책임을 져야 하는 상황이 발생할 수 있었다.

공무원이 감사에서 문제를 지적당하면 승진에서 누락되는 등 큰 불이익을 받게 된다. 이러한 위험을 감수하고 혁신상품을 구매할 동기가 공무원들에게는 약했던 것이다.

역량보다 동기

리더가 리더행동을 제대로 수행한다고 해도 구성원들의 사기가 낮고 열정이 없으면 과업이 제대로 추진될 리 없다. 아무리 역량이 뛰어나다 해도 자발적이고 적극적으로 과업을 수행하겠다는 동기가 약하면 실패로 돌아갈 가능성이 높다. 혁신공공조달의 경우에도 공무원들이 훌륭한 자세와 뛰어난 역량을 갖추고 있었지만, 공무원들의 구매 동기를 가로막는 요인을 제거하지 못하면 일이 제대로 추진될 수 없었다.

동기는 자발적이고 적극적으로 일을 하게 만드는 원동력이다. 동기 수준이 높으면 조직에 활기가 돌고 구성원들 간의 신뢰와 협력 분위기가 자연스럽게 조성된다. 다소 부족한 역량도 능히 보완할 수 있다.

구성원에게 동기를 불어넣는 것이 리더십의 핵심이다. 동기가 열정을 부르고, 열정이 몰입을 가져오고 성과를 만들어낸다.

동기를 가로막는 요인부터 제거하라

원인을 파악한 태스크포스는 공무원들의 구매를 가로막는 요인을 제거하기 위해 노력했다. 객관적인 기준을 만들고, 감사원의 협조를 이끌어냈다. 각 부처와 국회에 요청해서 요건을 갖춘 혁신상품을 구매할 경우 감사를 받지 않을 수 있도록 조달 관련 법을 개정했다.

그 결과, 혁신공공구매의 규모가 커지기 시작했다. 2020년 혁신조달을 통해 약 5,000억 원어치가 구매되었고 계속 증가하는 추세를 보였다. 스타트업과 중소기업은 새로운 판로를 개척하게 되었고, 해외 정부조달시장에도 참여하게 되었다. 나아가 유니콘으로 성장하는 꿈을 이루어가고 있다는 기업들을 만날 수 있었다.

지시만으로는 과업이 추진되지 못한다. 구성원들이 의욕적으로 과업을 추진할 동기를 가질 수 있게 해야 한다. 그러려면 제일 먼저 동기를 가로막는 요인부터 제거해야 한다.

기획재정부와 조달청, 산업부의 공무원들은 이 요인을 파악하여 적극적으로 제거했고, 그 결과로 큰 성과를 올릴 수 있었던 것이다.

가치와 보상으로 동기를 부여하라

구성원들의 동기에는 어떤 것들이 있을까? 크게 보면 심리적 동기와 물질적 동기가 있다.

열정을 일깨우는 심리적 동기

심리적 동기는 물질적 동기 이상으로 중요하다. 물질적 보상에 대한 기대 못지않게 구성원들의 열정을 일깨워 몰입하게 한다.

구성원들에게 심리적 동기를 부여하려면 리더가 가치 중심적으로 설명하고 설득할 필요가 있다. 어떻게 하면 좋을까?

자부심

자부심은 과업에 대한 공감과 주변의 인정, 존중에서 나온다. 무엇보다 조직의 비전과 목적 그리고 과업의 가치에 대해 구성원들이 공감할 수 있어야 한다. 공감이 구성원들의 내적 변화를 유인하고 몰입도를 끌어올린다.

리더는 이를 위해 조직이 추구해야 할 목적과 가치, 나아가야 할 방향을 제시하는 등 적극적으로 커뮤니케이션할 수 있어야 한다. 가치에 공감하고 자부심을 가지도록 해야 한다.

즐거움

즐거우면 일이 잘된다. 구성원들이 즐거움을 느끼면 심리적 동기가 저절로 생겨 과업이 원활하게 수행된다. 그런데 아이러니하게도 즐거움을 방해하는 가장 큰 걸림돌이 리더의 잘못된 행동이다. 특히 소통의 문제가 즐거움을 저해한다. 뛰어난 리더는 즐거움을 가로막는 요소들을 과감하게 개선한다.

성취감

성취감은 도전의 성공에서 얻어진다. 쉽게 달성하는 목표는 성취감이 크지 않다. 도전적이면서도 실현 가능한 높은 목표가 구성원들의 도전의지를 일깨우고, 도달했을 때 성취감을 배가시킨다. 리더는 성취지향적 목표 제시를 통해 구성원들의 성취감을 자극하고 과업의 성공을 위한 동력을 확보해야 한다.

역량의 신장

과업 수행 과정에서 발전된 역량은 구성원들에게 기쁨을 주고 심리적 동기를 자극한다. 나아가 물질적 보상을 기대할 수 있게 한다. 역량에 걸맞은 급여와 지위의 상승이 그것이다.

리더는 과업의 수행이 역량의 신장에 도움이 된다는 것을 적극적으로 커뮤니케이션해야 한다. 또한 구성원들이 쌓고자 하는 역량을 습득할 기회를 제공해야 한다. 교육 기회를 부여하고 역량을 키울 수 있는 업무와 역할을 맡겨야 한다.

성과로 이어지는 물질적 동기

물질적 동기는 구성원과 리더의 거래를 통해 부여된다. 구성원의 성과와 리더의 보상을 교환하는 것이다. 구성원들은 리더의 보상 약속에 따라 동기를 갖게 되고, 몰입하여 성과를 낸다.

물질적 동기에는 다음과 같은 것이 있다.

금전적 대가

구성원들에게 지급하는 급여와 인센티브 등을 말한다. 구성원들은 업무를 수행하고 성과를 창출함으로써 그에 상응하는 금전적 대가를 기대한다.

지위 상승

승진 등의 지위 상승은 심리적, 물질적 동기를 동시에 가져다준다.

성취감과 더불어 주변의 존중과 인정을 얻게 된다. 권한이 커지고. 새로운 과업에 도전할 기회가 생기고, 역량을 키울 수 있게 한다. 또한 더 나은 금전적 보상을 수반한다.

리더는 조직과 구성원들의 상황에 맞게 심리적, 물질적 동기를 부여하는 방법을 적극적으로 계획하고 실행해야 한다. 동기부여 리더행동을 통해 리더는 구성원들의 열정적 참여와 성과를 이끌어낼 수 있다.

동기부여 리더행동 점검 질문

❶ 구성원들은 충분히 몰입하고 있는가?

❷ 구성원들이 몰입할 만한 동기부여를 하고 있는가?

❸ 구성원들이 원하는 것을 파악하고 있는가?

❹ 구성원들의 몰입을 저해하는 것이 무엇인지 파악하고 있는가?

❺ 구성원들의 심리적 동기 수준이 높은가?

❻ 이를 개선하기 위한 실행을 하고 있는가?

❼ 물질적 동기부여에 대한 구성원들의 만족도가 높은가?

❽ 이를 개선하기 위한 실행을 하고 있는가?

❾ 동기 수준을 높이기 위한 방안을 구성원들과 논의하는가?

❿ 구성원들은 나의 노력에 만족하고 지지하는가?

16
조직의 역량을 키우다

재능은 게임을 이기게 한다.
그러나 팀워크는 우승을 가져온다.
- 마이클 조던, 미국 농구선수 -

한국이동통신에 닥친 위기

"이동전화가 착신이 안 되어 할 수 없이 삐삐를 가지고 다닙니다. 비싼 돈을 주고 이동전화를 사용하고 있는데 이제는 해지해야 할 것 같습니다."

1994년 가을, 이동전화 사용자들의 불만이 폭발했다. 통화 품질이 너무 낮은 탓이었다. 특히 착신 전화의 통화완료율에 문제가 많았다. 일반전화에서 이동전화로의 착신완료율이 30% 남짓에 불과했다. 사용자들은 이동전화를 송신에만 사용하고 무선호출기를 별도로 휴대하고 다녔다.

사정이 이렇다 보니 지금은 이해하기 힘든 이동전화 사용 요령까지 나왔다.

첫째, 대형 건물이 밀집한 지역은 전파가 차단되어 수신이 불량하니 중요한 전화를 받을 때는 벗어나는 것이 좋다.

둘째, 퇴근시간처럼 통화량이 폭주할 때에는 교환기 장애가 일어날 가능성이 크므로 사전에 전화하는 것이 좋다.

셋째, 통화에 실패했을 때는 다시 걸지 않는 편이 낫다. 통화 재시도율이 다른 나라들보다 높으므로 자꾸 걸면 시스템에 부하가 걸리기 때문이다.

넷째, 휴대전화 보유자가 장소를 이동할 때는 반드시 전원을 껐다 켜야 한다. 이렇게 해서 위치를 이동전화시스템에 재등록하면 수신율이 나아질 수 있다.

상상하기 힘든 거짓말 같지만 그때는 그랬다.

거세지는 불만, 심해지는 경쟁

낮은 통화 품질과 급증하는 고객 불만으로 이동전화서비스를 공급하는 한국이동통신(현 SKT)에 큰 위기가 닥쳤다.

한국이동통신은 1984년 처음으로 차량전화서비스를 시작하여 1세대(1st Generation, 1G) 이동통신서비스의 막을 열었다. 당시 카폰(car phone) 가격이 400만 원을 넘었는데, 대학등록금이 60만 원대임을 고려하면 엄청난 고가였다. 1988년, 드디어 들고 다닐 수 있는 단말기가 출시되었다. 크기는 컸지만 가방에 넣고 다니면서 사용할 수 있었다.

하지만 이동전화서비스의 통화 품질은 여전한 문제였다. 사용자들의 불만은 커져갔고, 거센 항의에 직면한 한국이동통신은 총체적 난국에 빠졌다. 게다가 만만치 않은 경쟁자까지 나타났다.

1994년 5월, 독점이나 다름없었던 시장에 신세기이동통신이 출현했다. 그런가 하면 KT는 시티폰 시범서비스를 시행하며 상용화를 앞두고 있었다. 시티폰은 값싼 단말기에 사용료가 저렴했다. 발신전용 휴대전화로 발신만 된다는 한계가 있었지만 한국이동통신의 통화 품질과 낮은 착신완료율에 비해 나름의 경쟁력을 갖추고 있었다. 나아가 PCS사업자를 추가로 선정하자는 논의가 한창 진행되고 있었다. 한국이동통신의 힘겨운 싸움이 예상되었다. 품질을 빠르게 개선하지 못하면 고객의 이탈과 함께 경쟁에서 패배할 것이 뻔했다.

드디어 해법을 찾았지만…

한국이동통신은 통화 품질이 좋지 않은 원인을 찾기 시작했다. 주파수 부족과 아날로그인 1G 이동통신시스템의 한계 때문이라는 분석도 있었고, 한국의 산악지형과 과밀한 도시환경이 통화 품질을 떨어뜨린다는 주장도 있었다. 하지만 유사한 통신기술을 적용하는 다른 국가들에서는 통화 품질이 양호한 편이었고, 산악지형이나 도시환경도 주요 원인이 아니라는 사실이 드러났다.

원인 규명과 대책 수립에 전력을 기울인 한국이동통신은 마침내 통화 품질을 개선할 수 있는 방법을 찾아냈다. 이동전화기지국을 재배치하는 것이었다. 또한 사용자의 위치를 시스템에 등록하고 전화가 왔을 때 사용자를 연결시키는 통신소프트웨어를 개선하는 것이었다. 하지만 문제가 해결된 것은 아니었다. 실행이 어려웠기 때문이다.

당시만 해도 한국은 이동통신의 불모지나 다름없었다. 한국이동통신의 기술력도 초보적인 수준이었다. 전문 인력도 턱없이 부족했고, 외부에서 전문가를 고용하기도 쉽지 않았다. 품질 개선을 위한 구성원들의 의욕과 열정은 높았지만 문제를 해결할 수 있는 인적 역량은 미흡했다.

1위 자리를 굳게 지켜낸 경영진의 처방

리더는 과제 실행에 필요한 역량 수준을 파악하고 있어야 한다. 인적 역량이나 조직 역량이 부족하면 적극 조치를 취해야 한다.

인적 역량의 강화

인적 역량을 강화하는 방법은 다음과 같다.

먼저 교육을 통해 구성원의 역량을 강화하는 것이다. 구성원들에게 다양한 배움의 기회를 제공해야 한다. 내부 강사를 육성하여 자체 교육을 실시할 수도 있고, 외부 전문가에게 지식과 기술을 습득하게 할 수도 있다. 필요에 따라 언제든 배울 수 있는 환경을 만들어야 한다.

구성원들이 스스로 역량을 높이는 노력을 할 수 있게 동기를 부여하는 것도 중요하다. 역량이 향상되면 그에 맞게 우대하는 리더십이 필요하다.

다음은 외부에서 인재를 영입하는 것이다. 교육을 통해 역량을 끌어올리는 것은 많은 시간이 걸린다. 과업에 적합한 인재를 내부에서 찾기 어려운 경우도 있다. 특히 전혀 새로운 과업을 수행해야 하거나 해결이 시급한 과제를 만났을 때는 더욱 그렇다.

이 같은 상황에서는 외부에서 인재를 영입하는 것이 효과적이다. 리크루팅(recruiting)으로 인적 역량을 강화하는 것이다.

조직 역량의 강화

인적 역량은 구성원 개인의 역량을 강화하는 것이다. 이와 달리 조직 전체적으로 역량을 제고하는 방법이 있다.

역할 조정

인적 역량의 약점은 조직 차원의 역할 조정을 통해 보완할 수 있다. 구성원을 적재적소에 배치하여 강점을 발휘하고 약점을 보강하는 것이다.

코칭

구성원들이 서로 역량을 강화할 수 있게 돕는 것이다. 전문성을 갖춘 구성원이 전문성이 부족한 구성원을 코칭하여 변화와 성장을 유도한다.

업무 개선

구성원들이 효율적으로 수행할 수 있게끔 업무를 변화시키는 것이다. 과제를 명확히 정의하고, 구체적이면서도 이해하기 쉬운 실행 프로세스와 매뉴얼 등을 작성한다.

아웃소싱

조직 내부적으로 해결하기 어려울 때 외부 전문 조직의 역량을 활용하는 것이다. 부족한 기능이나 필요한 역할을 의뢰하여 조직 역량을 강화한다.

조기에 성과를 내야 한다면 조직 역량을 강화하는 것이 지름길이다. 조직 역량을 강화하면 현재의 구성원들 역량으로도 성과를 낼 수 있다.

위기에 처한 한국이동통신의 경영진은 즉각 태스크포스를 발진시켜 조직 역량의 강화에 나섰다.

첫째, 업무 개선을 추진했다. 실행과제들을 재점검하여 명확하게 정의하고 구성원들이 쉽게 수행할 수 있도록 매뉴얼을 만들었다. 또한 과제 수행 프로세스를 점검하고 개선했다.

둘째, 구성원들의 역량을 고려하여 역할을 조정했다. 통화 품질을 측정하고 개선하는 기능도 추가했다. 이 과정에서 조직개편을 단행했다.

셋째, 외부 전문가와 조직의 도움을 받았다. 이와 함께 인적 역량 강화를 위한 교육과 인재 영입도 진행했다.

결과는 대성공이었다. 통화 품질은 개선되었고 고객은 큰 폭으로 증가했다. 이동통신시장도 괄목할 성장을 이루었다.

1999년 우리나라는 이동전화가입자 1,000만 명 시대를 열고, 곧이어 같은 해에 누적 유선전화 가입자 수(2,078만 2,000명)를 추월했다. 1994년 100만 명이 채 되지 않았던 것에 비하면 놀라운 증가세였다. 이동전화 보급률은 45%까지 상승했다. 국민 2명당 1명꼴로 이동전화를 보유하여 핀란드, 노르웨이, 스웨덴, 홍콩, 아이슬란드에 이어 세계에서 여섯 번째로 이동전화 보급률이 높은 나라가 되었다. 사용자 규모도 미국(6,594만명), 일본(4,394만명), 중국(3,056만명), 이탈리아(2,368만명)에 이어 세계 5위로 급부상했다.

한국이동통신은 통화 품질에서 1위 자리를 굳건히 지켰다. 경쟁에서도 1위를 유지했다. 이러한 우위를 바탕으로 1999년에는 제2이동통신사업자인 신세기통신을 인수했다. 그리고 2001년 한국통신프리텔이 한솔PCS를 인수하면서 이동통신시장은 PCS 3사를 포함한 5개 사업자에서 3개 사업자로 경쟁구도가 재편되었다.

우리나라의 통신산업은 급속한 발전을 이루었다. 한국이동통신의 이동통신 품질은 세계 최고 수준을 다투게 되었고, 통화 품질에 문제를 겪고 있는 해외 통신사업자들에게 기술과 경험을 전수하기 시작했다. 과제의 개선, 역할의 조정, 시의적절한 아웃소싱, 그리고 중장기적인 교육훈련이 가져온 결과였다.

사업은 사람을 기다려주지 않는다

"구성원들 때문에 걱정입니다. 목표에 대한 명확한 공

감대는 있는데, 실행이 너무 지지부진합니다. 일정도 맞추지 못하고, 결과물은 기대 이하입니다. 전문성을 가진 사람이 부족한데 사람을 구하기도 어렵습니다."

스타트업의 대표들에게서 많이 듣는 말이다. 과업의 실행력에 대한 문제 제기다. 어떻게 풀어야 할까?

구성원을 탓하지 말고 적극적으로 개입하여 역량을 키워야 한다. 먼저 조직 역량부터 강화하는 것이 좋다. 인적 역량도 중요하지만 많은 시간을 필요로 하기 때문이다. 사업은 사람을 기다려주지 않는다.

리더는 구성원들이 부족한 역량으로도 조직의 목적을 달성해낼 수 있도록 과업의 개선, 역할의 조정, 코칭, 아웃소싱 등을 적극 추진할 필요가 있다. 이것이 조직 역량을 제고하는 리더행동이다.

조직역량 리더행동 점검 질문

① 구성원의 역량을 파악하고 있는가?

② 과업의 완수를 위해 필요한 구성원의 역량이 무엇인지 정의하고 있는가?

③ 이를 명문화하여 공유하고 있는가?

④ 현재의 역량으로 목표하는 성과를 낼 수 있는가?

⑤ 현재의 부족한 인적 역량을 극복하기 위해 조직 역량을 강화하는 노력을 하고 있는가?

⑥ 인적 역량을 강화하는 방법(교육훈련, 리크루팅 등)을 알고 실행하고 있는가?

⑦ 구성원들 스스로 역량 강화를 위해 노력하는가? 이를 위한 동기부여 방안(역량 평가 및 보상)을 실행하고 있는가?

⑧ 역량 보완과 개선 방안에 대해 구성원들과 논의했는가?

⑨ 구성원들이 공감하고 적극적으로 참여하는가?

17
신뢰를 구축하다

실력과 재능으로
사업에서 성공하는 것은
전투에서 승리하는 것이지만,
신뢰와 진실된 마음의
휴먼네트워크를 구축하는 것은
전쟁에서 승리하는 것이다.
- 이병철, 삼성 창업자 -

역량은 출중한데 내키지 않아요

"새로 영입한 CMO(Chief Marketing Officer, 마케팅 최고책임자)는 역량도 출중하고 일에 대한 책임감도 뛰어납니다. 업무에 대해선 확실한 신뢰가 있습니다. 그런데 딱 거기까지입니다. 맡은 업무 외엔 소극적입니다. 자발적으로 기여하려는 모습을 보이지 않습니다. 회사가 성장하면서 경영에 보다 깊숙이 협력하길 원하는데 한계가 보입니다. 더 좋은 조건을 제시하는 회사가 나타나면 이직하지 않을까 하는 걱정마저 듭니다."

박 CEO는 3년 전 헤드헌팅회사의 도움을 받아 CMO를 영입했다. CMO는 기대 이상의 성과를 보여주었다. 판매가 크게 증가했고 그가 기획한 신상품이 시장에서 호평을 받았다.

CEO는 CMO의 능력과 자세에 만족했지만 아쉬움을 토로했다. 그러면서 향후 인사 방향에 대해 조언을 구했다.

"회사가 커져서 조직을 개편하려고 합니다. 그런데 인사가 고민입니다. 저는 미국으로 나갈 생각입니다. 해외시장 개척을 위해 직접 현지에 가서 뛰어야 할 것 같습니다. 국내 사업 전체를 누군가에게 맡겨야하는 상황입니다.

제가 관찰해본 바로는 CMO가 잘해낼 수 있는 역량과 리더십을 갖추고 있습니다. 하지만 내키지 않습니다. 믿고 맡겨야 하는데 그를 믿을 수 있을지 판단이 서지 않습니다. 다른 후보자가 있긴 한데, 능력이 떨어집니다. 하지만 배신하진 않을 겁니다. 그와 저 사이엔 깊은 인간적인 신뢰가 있거든요. 능력을 선택해야 할지 신뢰를 선택해야 할지 고민스럽습니다."

CEO는 자신이 해외로 나가 사업을 벌이는 동안 국내 사업을 맡길 부사장을 발탁하는 문제로 고민하고 있었다.

그들은 이너서클, CMO는 아웃사이더

CEO의 부탁으로 CMO를 만났다.

"업무 수행 환경에 불만은 전혀 없습니다. CEO가 방향도 명확하게 제시하는 편이고, 권한위임도 잘해주고, 평가도 공정하게 해주고, 성과에 대한 보상도 만족스럽습니다. 하지만 계속 해야 할지는 고민입니다."

그는 뜻밖의 이야기를 했다. 문제가 무엇인지 물어보는 내게 그가 말했다.

"조직 내 이너서클(inner circle)이 큰 문제입니다. CEO의 창업 동지들이죠. 일종의 파벌을 형성하고 있는데 저는 아웃사이더입니다."

CMO는 이너서클의 문제를 지적했다. 그들이 중요한 의사결정을 독점하는 가운데 자신은 소외되어 있어 미래가 불투명하다는 이야기였다.

이너서클은 조직 내에서 실질적 권력을 점유하고 절대적 영향력을 행사하는 소수 핵심층을 이르는 말이다. 그들의 관계는 단순한 관계가 아니다. 업무를 초월하여 영역을 불문하고 서로 밀어주고 끌어주는 인간적인 관계다. "평생 함께 서로 돕고 사는 거야!"라며 끈끈한 신뢰를 자랑한다. 그러면서도 성과를 위해 헌신하고 조직의 목표에 몰입한다. 내 일 남의 일 따지지 않고 자발적으로 일을 수행한다. 특히 리더가 원한다고 판단하면 자신의 업무를 뒤로하고 리더를 돕는다.

이너서클을 확대하십시오

"말씀대로네요. CMO의 역량과 자세는 뛰어난데 인간적 신뢰에 문제가 있네요. 업무적 신뢰와 인간적 신뢰 중에서 업무적 신뢰만 있는 상태예요. 그에게 국내 사업을 맡기기는 어려울 것 같아요. 무엇보다 CEO께서 믿기 어렵고 설사 맡긴다 해도 창업 때부터 같이 해왔던 동료들이 따라줄지도 의문이고요."

하지만 다른 창업 동지에게 맡기는 것도 좋은 대안이 아니었다. 성과를 낼 만한 역량이 있어 보이지 않았고, CMO를 포함한 영입 인력들이 동요할 가능성이 높았다.

업무적 신뢰보다 강한 인간적 신뢰

"일단 시간이 있으니 그와 인간적인 신뢰관계를 쌓아보고 결정을 내리시지요. 그러려면 먼저 이너서클을 확장해야 합니다. CMO를 포함해서 영입한 사람들을 합류시켜 이너서클을 임원들 모임으로 바꾸는 겁니다. 현재의 이너서클을 없애는 것이 아니라 확대하라는 말씀입니다."

나는 잠시 뜸을 들인 후 이어서 말했다.

"그와 매주 한 번 정도 깊은 인간적인 대화를 나눠보세요. 표면적인 업무 이야기 말고 교감할 수 있는 근본적인 이야기 말이에요. 그의 꿈이나 은퇴 이후의 이야기도 좋겠네요. 같이 차나 식사를 하면서 편하게 대화해보세요."

CEO가 해외로 나가기까지 6개월 정도 인간적인 신뢰를 쌓을 수 있는 시간은 있었다.

CEO는 나의 조언을 실천했다. 그러면서 점점 CMO에 대해 호감을 갖기 시작했고 인간적인 신뢰도 쌓이는 것 같았다. 다른 임원들과 CMO의 관계도 나아져 협력이 이전보다 훨씬 원활하게 이루어진다고 했다.

하지만 CEO는 해외로 떠나기 전 총괄 부사장에 CMO를 임명하지 않았다.

"아무래도 인간관계는 하루아침에 형성되기 어려운 것 같습니다. 당분간은 제가 미국과 한국을 오가며 전체를 관리할 생각입니다. 그에게는 좀 더 신뢰를 쌓은 다음에 맡겨야 할 것 같습니다. 지금은 그가 회사를 떠날지 모른다는 걱정은 사라졌습니다."

믿음을 죽이는 리더의 행위

강한 신뢰관계는 과업의 성공 가능성을 높여준다. 리더에 대한 믿음이 구성원들의 자발성을 높여 성과를 크게 만든다.

리더를 향한 구성원들의 믿음은 리더행동을 통해 형성된다. 의사결정, 방향 제시, 역할분담, 평가와 보상을 통해 리더가 약속한 사항들이 지켜질 때 신뢰관계가 축적된다.

그런데 신뢰의 축적은 고사하고 오히려 관계를 악화시키는 리더들이 있다.

배신하는 리더

사전에 약속한 것을 지키지 않고 저버리는 리더다. 성과를 냈는데도 보상하지 않고 나 몰라라 한다. 한두 번은 속일 수 있지만 구성원들의 불신만 쌓여간다. "대표님, 이건 약속과 다르잖아요"라는 말이 나오는 순간 이미 조직은 돌이킬 수 없는 상황으로 간 것이다.

비겁한 리더

약속을 모호하게 하는 리더들도 있다. 약속을 어기는 모습을 보이기 싫어 분명한 약속을 하지 않는다. 그들은 "잘되면 상황 봐서 보상할게"라는 식으로 말한다. 잘된다는 것이 무엇인가? 어떻게 보상하겠다는 것인가? 알 수 없다. 비겁한 리더는 구성원들에게 외면당한다.

우매한 리더

상황이나 성과를 제대로 판단하지 못하는 리더다. 심지어 자신이 말한 것을 잊어버리는 리더도 있다. 아무리 좋은 성격과 자세를 가지고 있어도 신뢰할 수 없는 무능한 리더다.

불공정한 리더

구성원들을 편파적으로 대하는 리더를 말한다. 불공정한 일을 당한 구성원들은 분노하고 떠날 궁리만 하게 된다.

할 일을 하지 않는 리더

리더가 해야 할 일을 하지 못하는 리더다. 구성원들은 리더와 함께 성과를 내기 원한다. 하지만 리더십을 발휘하지 못하는 리더라면 불가능하다. 성과는 고사하고 불만과 불신만 커진다.

신뢰는 교환하는 것이다. 구성원들과 리더가 서로 소통하고 성과를 공유하면서 쌓아가는 것이다. 리더가 할 일을 하는 만큼 구성원들의 신뢰도 강해진다.

굳이 인간적 신뢰를 쌓아야 할까?

리더십은 과업의 성과를 내기 위한 행동이다. 그렇다면 업무적 신뢰관계를 형성하는 것으로 충분한 것 아닌가? 맞는 지적이다. 하지만 인간적 신뢰도 중요하다. 3가지 이유가 있다.

과업의 성공 가능성을 높여준다

인간적 신뢰는 과업에 대한 구성원의 몰입도를 높인다. 또한 예상치 못한 문제들을 자발적으로 해결하는 자세를 심어준다. 구성원들이 리더의 과업을 자신의 일처럼 생각하기 때문이다. 열심히 같이 해나가면 리더가 알아주고 보상할 것이라는 믿음이 있고, 자신에게 문제가 생겼을 때 도와줄 거라고 생각하기 때문이다.

직책을 믿고 맡길 수 있다

리더는 때로 자신이 해야 할 중요한 일을 구성원에게 맡겨야 하는 상황에 직면한다. 앞의 CEO처럼 자신의 직책을 대신해줄 사람이 필요한 경우도 있다. 업무적 신뢰뿐만 아니라 인간적 신뢰가 있어야 믿고 맡길 수 있다.

삶이 풍요해진다

인간적으로 믿을 수 있는 사람과 일할 때 의욕이 솟고 분위기도 즐겁다. 또한 사람에게는 좋은 친구가 필요하다. 조직에서도 그렇다. 구성원이 좋은 친구가 된다면 일도 삶도 더 풍요로울 수 있다.

믿음을 지키는 리더의 행동

모든 관계는 주고받음 위에서 이루어진다. 주는 만큼 받고 받는 만큼 주게 된다. 인간적인 신뢰도 마찬가지다.

사람이 아닌 일로 말한다

구성원을 일개 직원으로 대하지 말고 나와 동등한 사람으로 대해야 한다. 인격적으로 자존감을 지켜줘야 한다.

리더와 구성원은 업무를 매개로 이루어진 관계다. 업무를 벗어나면 동등한 사람이다. 리더는 구성원을 존중하고, 자존감에 상처를 주어서는 안 된다.

"김 대리! 왜 그래? 이 정도밖에 안되는 사람이었어?"라고 말하는 리더들이 있다. 인간적으로 모멸감을 주는 말이다. 일에 대해 말하면서 사람을 공격해서는 안 된다. 질책이 필요할 때는 "김 대리, 이 일에 큰 문제가 있어. 결과가 좋지 않아"라는 식으로 사람이 아니라 일로 말해야 한다.

취미가 아닌 업무로 신뢰를 보여준다

인간적인 신뢰를 이야기하다 보면 흔히 업무 외적인 활동을 떠올리는 사람들이 있다. 골프나 술을 함께 하거나 가족 모임을 가져야 인간적 신뢰가 쌓인다고 생각한다. 도움이 될 수도 있을 것이다. 하지만 취미나 사생활을 공유한다고 신뢰가 생기는 것은 아니다. 그저 일상의 촉매제를 활용하여 함께 어울릴 뿐이다.

리더와 구성원의 인간적 신뢰는 업무를 진행하는 과정에서 형성된다. 하루 대부분의 시간을 함께 보내면서 이해하고 배려하며 과제를 해결하는 모습에서 인간적 신뢰가 싹트고 키워지는 것이다.

조급해하거나 실망감을 드러내지 않는다

리더는 기다릴 줄 알아야 한다. 마음이 급해 구성원들을 채근하거나 몰아세우지 말아야 한다. 지나친 기대도 금물이다. 실망감을 감추지 못해 불편한 감정을 드러낼 수 있다.

묵묵히 구성원들이 하는 일을 지켜보면서 필요한 도움을 주고 잘못을 바로잡을 줄 아는 리더가 구성원들의 신뢰라는 보답을 얻는다.

조급해하거나 실망감을 드러내지 마라. 시간이 필요할 뿐 분명히 나아질 것이다.

신뢰제고 리더행동 점검 질문

① 구성원들과 나는 업무 수행에 대해 서로 신뢰하고 있는가?

② 구성원들과 나는 서로 인간적 신뢰를 가지고 있는가?

③ 구성원들은 서로 신뢰하는가?

④ 성과를 내는 데 신뢰의 문제는 없는가?

⑤ 신뢰문제를 파악하고 개선하고 있는가?

⑥ 업무적인 신뢰와 인간적인 신뢰의 개념을 이해하고 있는가? 각각을 강화하기 위한 방법을 알고 있는가?

⑦ 조직 내에 이너서클이 있는가? 인사이더와 아웃사이더 사이의 불공정한 행태가 일어나는 것을 방지하고 있는가?

⑧ 신뢰 수준을 높이기 위한 방법을 구성원들과 상의했는가?

⑨ 신뢰 강화 노력에 구성원들은 공감하고 지지하는가?

18
소통하는 조직으로 바꾸다

스무 번 정도는 반복해서 말해야 할 일이 있다.
한두 번 말하면 사람들은 바빠서 귀 기울이지 않는다.
몇 번 더 말하면 그제야 무슨 소리가 들렸나 하는 반응을 보인다.
열다섯 번이나 스무 번 정도 반복할 때쯤이면 여러분은 완전히 지칠 것이다.
하지만 이때가 바로 사람들이 알아들을 시점이다.
- 에릭 슈미트, 구글 회장 -

SK그룹은 M&A를 잘해요

"리더로서 당신이 가장 중시하는 것은 무엇입니까?"

리더들에게 이렇게 질문하면 대다수가 '소통'이라고 대답한다.

"조직에서 가장 큰 문제는 무엇입니까?"라는 질문에도 같은 답변이 돌아온다.

누구나 소통의 중요성을 잘 알고 있다. 하지만 제대로 이루어지지 않는다. 그토록 중요한 소통이 왜 그리 어려울까?

M&A 성공의 비결이 뭔가요?

"SK그룹은 M&A를 잘하는 것 같습니다. 이를 통해 크게 성장해오지 않았습니까? 비결이 뭔가요?"

과거에 많이 받았던 질문이다.

잘 알려져 있다시피 SK그룹의 주력사들은 대부분 다른 회사를 M&A한 것이다. 유공이 SK이노베이션이 되었고, 한국이동통신이 SKT가 되었다. 신세기통신과 하나로통신을 인수하여 통신사업의 확고한 기틀을 만들었고, 하이닉스를 인수함으로써 SK그룹이 오랫동안 꿈꾸어온 글로벌 시장 진출을 이룰 수 있었다.

왜 이렇게 SK는 M&A를 잘할까? 궁금해하는 사람이 많다. 오랜 기간 SK그룹에 근무하면서 많은 M&A를 직접 수행한 내게 사람들이 비결을 물을 때마다 나는 망설이지 않고 "소통 능력입니다"라고 말한다.

M&A에 성공하려면 2가지가 필요하다. 하나는 M&A 전략과 협상 능력이다. 전략을 잘 짜고 협상을 잘해서 시너지(synergy)를 낼 만한 좋은 기업을 적정 가격에 사는 것이다. 또 하나는 인수한 기업의 경영을 잘해서 목표한 성과를 내는 것이다.

PMI의 성패는 소통에 달려 있다

뛰어난 전략을 수립하는 기업은 많다. 탁월한 협상력으로 좋은 조건에 M&A를 성공시키는 기업도 많다. 문제는 인수한 다음이다. 인수한 기업을 제대로 경영하지 못해 실패하는 경우가 많다. M&A의 약 60%가 실패하는데, 대부분의 실패 이유가 인수 후 경영(PMI, Post Merger Integration)을 잘못해서라는 분석 결과가 있을 정도다.

SK 역시 필요한 기업을 M&A 대상으로 선정하고 이를 성사시키는 전략과 협상에서 탁월한 역량을 가지고 있었다. 하지만 다른 기업들과 확연히 다른 성공의 핵심 비결은 인수한 기업을 반석에 올려놓고 성장시키는 PMI 능력이었다.

PMI의 성공 여부는 인수한 기업의 구성원들과 어떻게 소통하는가에 달려 있다. 피인수 기업에서 점령군 행세를 하며 모든 사안을 자신들이 결정하려 드는 인수 기업이 얼마나 많은지 모른다. 피인수 기업의 사정은 그 구성원들이 훨씬 더 잘 아는데 말이다. 이 같은 점령군의 독단적 의사결정이 오판으로 이어져 실패를 낳게 된다.

인수 기업의 오만은 또 다른 실패의 원인으로 작용한다. 피인수 기업 구성원들의 의욕을 크게 떨어뜨리는 것이다. 그들을 위한 동기부여는 고사하고 훌륭한 인재들이 떠날 궁리만 하게 만든다.

결국 오판에 따른 의사결정의 오류와 오만으로 인한 구성원들의 실행력 저하가 M&A의 실패로 귀결되는 것이다.

SK는 달랐다. 그래서 PMI를 성공시킬 수 있었다.

"SK그룹은 양방향 소통에 탁월합니다. 소통문화가 발달한 조직이 인수한 기업의 구성원들을 어떻게 대할까요? 적극적으로 그들의 이야기를 듣고 결정하겠지요? 그러다 보니 SK그룹이 인수한다는 소문이 돌면 해당 기업의 노조와 구성원들이 환영하는 일까지 생기게 되었습니다. 이것이 성공의 비결입니다."

소통에 강한 조직의 면면

시중에 보면 소통을 강조하는 사람들만큼이나 소통 능력을 키우는 방법을 다룬 책과 강좌가 헤아리기 어려울 정도로 많다. '질문을 잘해야한다', '경청해야 한다', '마음을 수련해야 한다'는 갖가지 처방을 내놓는다. 그런데도 소통은 잘 되지 않는다. 왜일까?

SK도 초기에는 같은 고민에 빠져 있었다. 사업이 성장하고 조직이 확대되면서 소통이 어려워져 중요한 이슈로 떠올랐다.

용어 통일로 소통의 혼란 제거

SK는 리더가 앞장서서 소통을 가장 중요한 문제로 다루었다. 그리고 문제를 해결하기 위해 치열한 노력을 기울였다.

"이번 달에 얼마를 벌었나요?"라는 리더의 질문에 구성원은 어떻게 말할까? "10억을 벌었습니다"와 같이 대답할 것이다. 그러면 리더는 무슨 생각을 할까? 벌었다는 말이 전체 매출을 가리키는 걸까, 현금이 그만큼 들어왔다는 말일까?(외상판매도 있기 때문에 매출과는 다르다) 이익을 말하는 걸까? 매출이익일까, 영업이익일까? 묻는 사람도 헷갈리고 듣는 사람도 헷갈린다.

사람들이 흔히 쓰는 용어들 중에 헷갈리는 경우가 참으로 많다. 이것이 소통을 방해한다. 용어에 대한 이해가 달라 큰일이 나기도 한다.

SK는 모든 경영 용어를 통일시켰다. 내부에서 사용하는 용어들을 명확히 정의하고 책자로 만들어 공유했다. 교육도 실시했다. 용어 이해의 차이에 따른 소통문제를 없애기 위함이었다.

소통을 위한 용어도 따로 정했다. 소통을 둘로 나누어 동료들 간 소통, 즉 수평적 소통은 코디네이션(coordination)으로, 상하 간 소통, 즉 수직적 소통은 커뮤니케이션(communication)으로 구분했다. 수평적 소통은 협력을 중심으로 이루어지지만 수직적 소통은 지시와 보고에 따르는 경향이 많아 실행 방법의 구분이 필요했기 때문이다.

사장실은 소통실

SK는 여기서 더 나아가 '사장실'을 만들었다. 사장실은 사장이 업무를 보는 곳이 아니라 상하 간 커뮤니케이션을 전담하는 조직이다. 이는 회사가 얼마나 소통을 중시하는가를 단적으로 보여주었다. 사장실의 책임자도 최고위급 임원이 맡았고, 핵심 인재들을 배치했다. 사장실의 임직원들은 조직 내 소통이 원활히 이루어지는지 점검하고 문제가 발생하면 적극적으로 개입했다. 최고경영자가 직접 나설 필요가 있는 문제는 즉각 알려 개입을 요청했다.

"SK는 이 외에도 많은 소통 도구들을 활용하고 있습니다. 소통 능력을 승진 평가의 주요 기준으로 정하기도 했습니다. 이러한 노력을 핵심적으로 보여주는 것이 SKMS(SK Management System, SK경영시스템)입니다. 다양한 경영 기법들을 체계적으로 담았지만 핵심은 양방향 소통입니다. 시스템적 접근을 통해 소통이 잘되는 환경을 만든 것입니다. 나아가 소통을 기업문화로 발전시키기 위해 기업문화실을 만들기도 했습니다. 이제는 모든 구성원이 여기에 익숙해져 있지요. 소통의 습관을 들인 것입니다. 소통은 이렇게 SK그룹의 무기가 되었고, M&A를 잘하는 비결이 되었지요."

조직이 커지면 필연적으로 계층이 생기고 상하 간 소통에 문제가 발생한다. 역할분담에 따른 수평적 소통문제도 일어난다. SK는 이를 해결하기 위해 조직과 구성원들이 소통하는 습관을 가지도록 총력을 기울였고, 이를 조직의 핵심 경쟁력으로 발전시켰다.

소통할 수밖에 없는 환경을 만들어라

소통은 모든 리더행동의 근간이다. 구성원들뿐만 아니라 권한부여자, 후계자, 협력자에 대한 리더행동의 시작과 끝이 소통이다.

소통을 잘하려면 어떻게 해야 하는지 모르는 리더는 없을 것이다. 리더부터 자신의 생각을 정확하게 전달해야 한다, 구성원들의 생각을 제대로 파악해야 한다, 그들의 말을 경청하고 협의하여 합의와 공감을 이루어야 한다는 것을 잘 알고 있다. 하지만 그것만으로는 소통이 이루어지지 않는다.

소통이 이루어지게 하려면 SK처럼 소통이 이루어질 수 있는 환경을 만들어야 한다.

소통시스템의 4가지 핵심 요소

소통은 소통이 이루어질 수밖에 없는 시스템으로 이룰 수 있다. 소통시스템을 만드는 핵심은 4가지다.

회의는 체계적으로, 자유롭게

앞에서 다룬 의사결정, 방향 제시. 역할분담, 동기부여, 조직 역량 강화, 신뢰 제고를 위한 리더와 구성원들의 회의를 소통 중심으로 종합적이고 체계적으로 설계하는 것이다.

정식 회의와 다른 회의도 만들어야 한다. 구성원들이 자유롭게 이슈를 다룰 수 있는 회의다. 회의의 어젠다는 구성원들이 정하고, 예측 가능하도록 1년간의 일정과 참석자를 미리 계획해서 공유한다. 회의를 통해 리더는 구성원들과 소통해야 할 부분들을 빠짐없이 챙길 수 있고, 구성원들은 소통하고 싶은 것들을 터놓고 이야기하는 시간을 가질 수 있다.

회의록을 만들어 공유한다

회의를 했더라도 모두가 정확하게 기억하고 이해하기란 어렵다. 왜, 무엇을 논의하고 결정했는지, 누가 무엇을 어떻게 언제까지 하기로 했는지 정리해서 회의록으로 남겨야 한다. 또한 참석하지 못한 사람들도 알 수 있도록 회의록을 공유해야 한다.

리더 곁에 소통 스태프를

소통 스태프를 곁에 두어야 한다. 스태프는 조직일 수도 있고 개인일 수도 있다. 조직의 크기에 따라 정하면 된다.

소통 스태프는 단순히 리더의 말을 전달하는 존재가 아니다. 소통문제를 세세히 보고만 하는 존재도 아니다. 리더가 개입해야 할 사안을 리더에게 지시하는 존재다. 또한 스스로 소통문제에 개입하여 해결하는 존재다.

리더는 스태프가 언제든 만날 수 있도록 하고, 정기적으로 스태프와 독대하는 자리를 만들어야 한다.

더 나은 소통시스템 발굴

소통시스템이 제대로 작동하려면 구성원들의 공감과 지지가 있어야 한다. 또한 상황에 따라 소통시스템이 달리 적용될 수 있어야 한다. 보다 나은 방법을 계속해서 찾고 시도해야 한다. 가장 좋은 방법은 이를 주제로 구성원들과 논의하여 아이디어를 구하는 것이다.

소통은 개개인의 자세와 역량을 강화하는 것으로만 해결할 수 있는 문제가 아니다. 소통시스템을 만들고, 리더와 구성원들이 소통의 습관을 가질 수 있는 환경을 조성해야 한다.

지시할 것인가, 지원할 것인가?

리더가 업무를 추진하면서 구성원들과 소통할 때 지시할 것인지, 아니면 지원하는 정도에 머물 것인지를 놓고 고민하는 경우가 있다. 어떻게 하는 것이 좋을까?

구성원들의 실행력, 즉 역량, 신뢰, 동기 수준을 고려하여 판단해야 한다. 뛰어난 역량과 의욕을 갖춘 구성원에게는 지시가 자발성을 해치는 결과를 낳을 수 있다. 스스로 알아서 잘할 수 있는데 깨알 같은 지시를 계속 받다 보면 의욕이 꺾이고, 리더보다 더 나은 방안을 찾아 실행할 수 있는 역량을 발휘할 기회를 잃어버린다. 충만한 동기와 열정을 갉아먹게 되므로 지시하지 말고 자율성을 보장하고 판단을 존중해주는 것이 좋다.

리더의 노력에도 불구하고 역량과 열정이 떨어지는 구성원에게는 어떤 행동을 해야 할까? 그에게는 지시와 지원이 모두 필요하다. 역량 부족으로 자신의 일을 계획하고 실행하기가 어려운 구성원을 방관하는 것은 그를 패닉에 빠뜨린다. 구체적으로 지시하고 어려움이 있을 땐 적극 나서서 도와주어야 한다.

리더는 지시만 하거나 지원만 하는 사람이 아니다. 구성원의 상황과 필요에 맞추어 리더십을 발휘해야 한다.

소통환경 리더행동 점검 질문

❶ 정확한 의사 전달, 이해, 토론, 합의, 공감 등 소통의 방법을 잘 알고 있는가?

❷ 구성원들에게 나의 의사가 제대로 전달되고 있는가? 구성원들은 공감하고 몰입하는가?

❸ 의사결정에 앞서 구성원들의 의견을 충분히 듣고 토론하는가? 구성원들을 설득하기 위해 얼마나 노력하는가?

❹ 조직 내 수직적 커뮤니케이션과 수평적 커뮤니케이션은 원활한가?

❺ 소통을 위한 회의, 조직, 제도, 문서(보고서, 회의록) 등을 설계하여 운영하고 있는가? 모든 구성원이 잘 알고 적극 참여하는가?

❻ 소통문제를 파악하고 개선하는 조직과 제도가 있는가?

❼ 소통문제를 구성원들과 함께 점검하고 개선하고 있는가?

❽ 구성원들은 소통 방식에 만족하는가?

구성원을 움직이는 리더행동 계획

리더십캔버스를 활용하여 구성원들을 파악하고 리더행동을 계획해 보자.

파악

구성원에 대한 리더십캔버스의 구성 요소는 구성원의 동기, 역량, 신뢰, 그리고 구성원에 대한 리더행동이다.

협력자	구성원	과업	리더	권력
협력자 동기	구성원 동기	조직 목적	리더 동기	권한부여자 동기
협력자 역량	구성원 역량	과업 목표	리더 역량	권한부여자 역량
협력자 신뢰		핵심 실행과제		권한부여자 신뢰
협력자 바게닝 파워	구성원 신뢰	핵심 자원	리더 신뢰	리더 권력과 후계자
리더행동				
협력자 리더행동	구성원 리더행동	과업 리더행동	리더 리더행동	권력 리더행동

리더에게 가장 중요한 일은 구성원들을 파악하고 관리하는 것이다. 구성원의 특성에 따라 맞춤형으로 리더행동을 수행할 필요가 있다. 따라서 구성원들의 동기와 역량, 신뢰 수준을 파악하는 일이 중요하다.

이들 요소 외에 과업의 핵심 실행과제를 함께 검토한다. 실행과제가 구성원들의 실행력에 큰 영향을 주기 때문이다. 구성원들의 실행력·신뢰와 보완관계에 있는 리더의 역량과 신뢰도 파악한다.

또한 현재 중점적으로 수행하고 있는 구성원 관련 리더행동을 파악하고, 상황에 따라 다른 리더행동도 파악한다. 예를 들어 구성원의 실행력을 고려한 과업의 목표, 과제 조정 등에 관한 행동을 확인해야 할 수도 있다.

문제점 도출

구성원들을 파악했다면 리더행동을 계획하기에 앞서 구성원들의 동기, 역량, 신뢰 수준을 고려하여 다음과 같이 구성원들을 분류한다.

- 에이스
동기, 역량, 신뢰 수준이 우수하여 믿고 맡길 수 있는 구성원. 후계자로 육성 가능

- 독자적 실행자
동기, 역량, 신뢰 수준에서 다소 부족한 부분이 있지만, 종합적으로 볼 때 과업의 실행력 수준이 양호하고, 과제를 스스로 수행할 수 있는 구성원

- 제한적 실행자

동기, 역량, 신뢰 수준에서 보완이 필요하며, 누군가의 도움을 받아야 과제를 완수할 수 있는 구성원. 단기적인 개선이 어려우므로 과제 조정과 멘토링 등이 필요

- 프리라이더(free rider)

역량의 유무를 떠나 과제 수행에 대한 동기 및 의지가 없어 중장기적으로 개선이 어려운 구성원

- 방해자

조직과 과업에 해를 끼치는 구성원

리더는 구성원들의 역량과 수준에 따라 적합한 리더행동을 선택한다. 예를 들어 역할분담의 경우 에이스에게는 권한위임을 적극 고려한다. 독자적 실행자와는 지원과 코칭을 분담할 수 있고, 제한적 실행자에게는 수월한 일상 업무를 맡길 수 있을 것이다. 문제는 프리라이더와 방해자다. 이들에게는 제한적으로 역할을 분담할 수밖에 없다.

이 외에도 구성원들의 상황과 특성에 따라 그에 맞는 리더행동을 취할 수 있어야 한다.

리더행동 계획

구성원들에 대한 모든 리더행동을 포괄하여 계획한다. 상황에 따라 특별히 중요하고 시급한 행동을 선택하여 집중한다.

- 방향 제시 리더행동

조직의 목적, 과업의 목표와 실행과제, 역할분담, 평가와 보상, 상벌 등을 결정하고 구성원들에게 명확하게 제시하는 행동

- 역할분담 리더행동

과업 달성에 필요한 실행과제 수행을 위해 조직을 구축하고 역할을 분담하여 책임과 권한을 부여하는 행동

- 동기부여 리더행동

구성원들의 자발성과 의욕적 몰입을 위한 동기부여, 즉 자부심, 인정, 즐거움, 성취감, 역량의 신장, 금전적 대가, 지위 상승 등 심리적, 물질적 동기부여 수단을 활용하는 행동

- 조직 역량 리더행동

조직과 구성원들의 역량 수준을 파악하고 이를 조직 관점에서 보완, 개선하는 행동

- 신뢰 제고 리더행동

구성원들과 리더 사이의 신뢰 수준을 파악하고 보완, 개선하는 행동

- 소통환경 리더행동

일체의 과업 수행 과정에서 구성원들과 함께 파악하고, 토론하고, 결정하고, 실행하여 구성원들의 이해, 공감, 지지, 협력을 이끌어내

는 조직의 소통 습관을 형성하는 행동

구성원들과 관련한 문제를 해결하는 것은 위에 나오는 리더행동만
이 아니다. 다른 리더행동도 복합적으로 처방해야 한다. 예를 들어 구
성원들의 실행력을 고려한 과업 조정, 협력자와의 과제 분담, 구성원
들과의 원활한 소통을 위한 리더의 역량 강화도 필요할 수 있다.

5부

두려움을 넘어
리더십을 발휘하라

-'리더'다운 리더의 행동

리더

리더는 조직에 성과를 가져다주는 행동을 해야 한다.
뛰어난 리더는 리더십을 스스로 정의하고 행동으로
증명하며 스스로를 변화시킨다. 주변의 말에 휘둘리지
않으며, 현장에서 자신을 리더행동에 집중시키고,
부족한 리더십 역량을 보완하여 성과를 올린다.

특성·스타일 행동 리더십 정의 몰입 환경 역량 보완

조직의 운명은 리더에게 달려 있다. 가정과 기업, 국가가 혼란과 쇠퇴의 길로 가는가, 안정과 번영을 누리는가는 리더의 리더십에 좌우된다. 개인 역시 셀프 리더십에 따라 삶이 달라진다.

리더는 뛰어나야 한다. 조직의 현재와 미래가 그의 어깨 위에 있기 때문이다. 그래서 리더의 자리는 결코 가볍지 않다. 사실 리더들에게는 남 모르는 두려움이 있다. 조직을 발전시키고, 구성원들의 행복한 삶을 돕고, 자신의 만족과 성장을 기대하지만 두려움을 떨칠 수 없다.

리더의 두려움은 어디에서 오는 걸까? 하나는 실패에 대한 두려움이다. 리더는 되기도 어렵지만 성과를 내기는 더 어렵다. 실제로 성과 창출에 실패하여 스러지는 리더가 매우 많다. 수시로 무거운 책임감이 엄습하며 자신감을 짓누른다. 과연 잘해낼 수 있을까 의심되고 두려운 마음이 든다.

또 하나는 미지로부터 오는 두려움이다. 필요한 리더십이 무엇이고 어떻게 발휘해야 하는지 제대로 알지 못하기 때문이다. 게다가 이런저런 말들이 주변을 둘러싸 리더를 혼란스럽게 한다.

어떻게 하면 두려움에서 벗어나 리더다운 리더십을 발휘할 수 있을까? 스스로 리더십을 정의하는 것이다. 리더십을 분명히 정의할 수 있는 리더는 실패와 미지에서 오는 두려움을 막을 수 있다. 자신을 리더 행동에 일치시키려 부단히 노력하면서 부족한 부분을 보완하여 성과를 낸다.

보다 성장하고 싶은가? 조직에 더 크게 기여하고 싶은가? 세상을 나아지게 하고 싶은가? 그렇다면 용기를 내어 리더로 나서라!

19
리더십을 정의하다

이 세상에 위대한 사람은 없다.
단지 평범한 사람들이 일어나 맞서는
위대한 도전이 있을 뿐이다.
- 윌리엄 프레데릭 홀시, 미국 해군제독 -

알려지지 않은 대통령의 리더십

"문재인 대통령의 리더십을 어떻게 정의할 수 있을까요?"

박시영 정치평론가가 내게 질문했다. 그 순간, 그동안 경험했던 일들이 머리에 하나둘 떠오르기 시작했다.

대통령 경제보좌관으로 임명된 직후의 일이다. 문 대통령을 어떻게 보좌하면 좋을지 생각하고 준비하는 과정에서 지인들에게 대통령의 리더십에 대한 의견을 물어보았다. 그들의 말을 종합하면 이렇다.

'문 대통령의 성격을 생각해야 한다. 그는 선하지만 원칙을 중시한다. 고집이 강하고 사고가 유연하지 않다. 내향적이고 분석적이다. 과감히 나서서 갈등을 조정하지 못한다. 빠르고 감각적인 판단이 필요할 때 대응이 쉽지 않다.'

주 52시간 근무제에 대한 예상 밖의 반응

2019년 초, 문재인 대통령과 첫 미팅을 가졌다. 간단히 인사를 나눈 후 주52시간 근무제에 대한 나의 생각을 설명했다.

주52시간 근무제는 당시에 정부가 적극적으로 추진하고 있던 정책이었다. 나는 근본적으로 이 제도의 필요성에 깊이 공감했지만, 실제 적용은 유연해야 한다고 보았다. 기업 현장의 특성에 맞추어 현실적으로 실시해야 기업과 노동자 모두에게 도움이 된다는 생각이었다.

오래전부터 대통령은 노동환경 개선에 대한 강한 소신을 가지고 있었다. 게다가 주52시간 근무제를 적극 추진해오던 터였다. 내 생각이 받아들여질 거라고 기대하지 않았다. 오히려 대통령의 심기를 거스를지도 모를 일이었다. 하지만 대통령 경제보좌관이 하는 일이 무엇인가? 경제정책에 대해 소신껏 대통령께 의견을 드리는 것 아닌가? 나는 부담을 느끼면서도 나의 생각을 이야기했다.

예상대로 대통령의 반응은 부정적이었다. 장시간노동에 시달리는 노동자에 대한 안타까움과 애정, 노무현정부에서 경영계의 반대에도 불구하고 강하게 추진한 주5일 근무제의 성공 경험, 정책은 흔들림없이 추진되어야 성과를 낼 수 있다는 생각을 읽을 수 있었다. 더구나 정책을 자세히 알고 숙고해왔기에 생각이 확고할 수밖에 없었을 것이다. 더 이상 이야기를 이어갈 수 있을까 하는 생각이 들었다.

대화는 계속 이어졌다. 대통령은 상대방의 의견을 경청하는 자세를 가지고 있었고, 왜 내가 이런 생각을 하는지 알고 싶어 했다.

나는 예상되는 현장에서의 문제점들을 중심으로 설명했다. 중소기업뿐 아니라 대기업 등에서 발생할 수 있는 사업상 피해와 노동자들의 급여와 일자리에 영향을 줄 수 있는 구체적 사례들을 이야기했다. 설명이 끝나고 진지한 토론이 이어졌다. 대통령은 기업과 노동자의 문제를 구체적으로 파악하고, 현실에 맞게 보완하는 정책을 준비하라고 지시했다.

그날 이후, 나는 30여 개 산업 영역의 리더들과 간담회를 시작했다. 그들이 안고 있는 현장의 문제들과 해결 방안을 찾고 이를 적용하기 시작했다.

나는 원칙을 고집하지 않는 대통령의 유연하고 신속한 의사결정에 내심 놀랐다. 대통령이 나의 의견을 받아들일 거라고는 전혀 예상하지 못했다. 만에 하나 공감하고 수용한다 하더라도 오랜 시간 숙고하거나 다른 대안을 만들기 위해 많은 준비를 할 것이라고 생각했다. 하지만 아니었다. 나는 문 대통령과의 첫 미팅에서 고집이 강하고 사고가 유연하지 않다는 세간의 말과 다른 대통령의 리더다운 면모를 볼 수 있었다.

전격적으로 이루어진 아베 총리와의 12분 정상회담

2019년 11월, 태국 방콕에서 아세안정상회의와 RCEP(Regional Comprehensive Economic Partnership, 역내포괄적 경제동반자협정)회의가 열렸다. 나는 신남방특별위원회 위원장으로 대통령을 수행하고 있었다.

RCEP는 아세안(ASEAN, 동남아시아국가연합) 10개국, 한국·중

국·일본 3개국, 호주·뉴질랜드 그리고 인도 등 총 16개국이 관세장
벽 철폐를 목표로 진행하는 세계 최대의 자유무역협정(Free Trade
Agreement, FTA)이다.

　이 회의에서 큰 성과가 있었다. 역내포괄적 경제동반자협정이 실질
적으로 타결된 것이다. 인도가 제외되긴 했지만 22억 명의 인구, 세계
경제의 약 30%를 차지하는 최대 규모의 경제블록이 출범한 것이다.
이는 북미자유무역협정(NAFTA)과 유럽연합(EU)을 능가하는 규모
였다.

　그런데 회의 기간에 인상 깊은 정상회담이 있었다. 예정에 없던 문재
인 대통령과 아베 일본 총리 간의 미팅이 갑작스레 열린 것이다. 국제
적 관례에서는 보기 드문 파격적인 만남이었다. 사전에 약속되지 않은
미팅이었기에 협상 어젠다(agenda, 의제)도 준비되어 있을 리 없었다.

　미팅은 어떻게 성사되었을까? 문 대통령의 과감하고 외향적인 리더
십의 결과였다. 당시에 우리나라와 일본은 엄청난 갈등관계에 놓여 있
었다. 일본의 무역보복이 먼저 갈등을 촉발했고, 우리 정부는 이에 굴
복하지 않고 반격을 시도했다. 국내의 소재·부품·장비 산업에 대한
육성정책을 적극적으로 펼치며 큰 성과를 기대하고 있었다. 그럼에도
일본과의 관계를 개선하는 일은 중요했다. 특히 서로의 필요가 절실한
경제와 문화 등의 영역에서 복원을 요구하는 목소리가 컸다. 관계 실
무진이 나서서 개선하려 노력했지만 소극적으로 일관하는 일본의 태
도로 진도를 내지 못하고 있었다.

　이러한 상황에서 문 대통령이 직접 나선 것이다. 회의에 참석한 아
베 총리를 보고 좋은 기회라 판단한 대통령이 막혀 있던 문제를 톱다

운 방식으로 풀기 위해 과감하게 아베 총리에게 즉석에서 미팅을 제안하여 성사시킨 것이다.

내향적이고 분석적인 성격 때문에 과감하고 감각적이지 못할 것이라는 세간의 평과는 전혀 다른 행동이었다. 대통령은 다른 국제 무대에서도 감각적이고 과감한 행동으로 활약을 펼쳤다. 자신의 성격을 넘어 리더의 자세와 행동을 보인 것이다.

뛰어난 리더는 성격대로 행동하지 않는다

리더의 책무는 리더로서 해야 할 일을 해나가는 것이다. 그 과정에서 자신의 뜻이나 성향에 맞지 않는 선택을 하게도 된다. 뛰어난 리더는 의사결정을 하거나 실행할 때 자신의 성격이 아니라 성과를 내는 데 필요한가를 기준으로 상황에 맞춘다.

문 대통령의 리더십에 대한 평가를 신문이나 책에서 접하게 된다. 대부분 선한 리더십, 인권운동가, 법률가, 고집, 고독한 대통령으로 표현하는데, 성격과 행동을 결합시킨 평가들이다. 맞는 말일까? 그렇지 않다. 사안에 따라 다르다.

대통령은 원칙을 중시하되 성과 중심으로 행동했다

나는 대통령과 대화하거나 해외 출장을 수행하면서 생각과 원칙에 따라 행동하는 대통령의 모습을 보았다. 대북정책에 대해서는 끈질기게 자신의 소신과 원칙을 관철하고자 노력했다. 하지만 자신의 소신과 다르게 답답할 정도로 합의를 기다리는 모습도 보여주었다. 최선이 아닌 차선의 선택, 나아가 차악의 선택도 감행했다. 안타까워했지만 현실을 인정한 선택이었다. 사고는 원칙적이지만 결정에서는 융통성을 발휘한 것이다. 상황을 감안하여 자신의 행동을 바꾸는 경우도 꽤 있다.

내가 경험한 문 대통령은 원칙을 중시하면서도 성과를 중심으로 행동하는 리더다. 국익에 필요한 일이라면 자신의 성격이나 신념, 경험에 얽매이지 않고 상황에 맞게 실천적 행동을 구사한다. 나는 박시영 씨의 질문에 이렇게 말했다.

"특정한 리더십스타일이 있다고 생각하지 않습니다. 상황에 따라 다른 행동을 합니다. 오랜 기간 결정을 미루면서 숙고하기도 하고, 과감하고 빠르게 의사결정하기도 합니다. 어떤 것은 아예 위임하기도 하고, 어떤 사안은 세부적으로 챙기면서 구체적으로 강하게 지시하기도 합니다. 따뜻하게 사람을 보듬기도 하지만, 냉혹해 보일 정도로 과업 중심의 행동을 취할 때도 있습니다. 다양한 행동 유형, 리더십스타일을 보여줍니다. 단 하나가 있다면, 중심에 성과에 대한 갈망이 있습니다. 굳이 한마디로 정의하자면 '상황에 따른 성과 중심의 리더십'이라고 할까요?"

뛰어난 리더는 자신의 성격을 행동으로 나타내지 않는다. 리더의 성격이 성과에 중요하다는 주장이 있지만, 그렇지 않다. 오히려 자신의 성격을 넘어 필요한 행동을 하는 리더가 성과를 낸다.

리더는 타고난다는 말은 틀렸다

"뛰어난 리더가 되고 싶어요. 하지만 책을 읽고 강연을 들을수록 훌륭한 리더가 되는 것이 정말 어려운 일이구나 하는 생각만 듭니다. 리더는 특출한 재능을 가진 사람 같아요. 그래서 저는 리더가 될 수 없고 되어서도 안 된다는 생각이 듭니다."

리더가 되고 싶은 젊은 사람들로부터 제법 듣는 이야기다. '그는 타고난 리더였다. 특별한 재능은 그가 어디에 있든지 무슨 행동을 하든지 그를 리더로 빛나게 해주었다'는 멋진 표현처럼 리더가 되려면 타고난 재능이 있어야 한다는 것이다. 하지만 틀린 말이다.

뛰어난 리더십은 타고난 재능의 결과가 아니다. 재능을 갖추었다면 도움이 될 수 있겠지만 작은 도움 정도일 뿐이다. "재능은 식탁에서 쓰는 소금보다 흔하다. 재능 있는 사람과 성공한 사람을 구분 짓는 기준은 오로지 엄청난 노력뿐이다. 타고난 재능을 가지고 있다는 것은 출발선에서 조금 앞에 섰다는 의미에 불과하다"는 스티븐 킹(미국 소설가)의 말처럼 타고난 재능은 성공에 결정적이지 않다.

사람들은 리더의 재능으로 지능, 자신감, 결단력, 성실성, 사교성 등을 꼽는다. 그런데 어떤가? 이러한 재능을 갖추었다고 평가받아 리더가 된 사람들 중에서 실패한 경우를 많이 보지 않았는가? 반면에 재능을 다 갖추지 않고도 훌륭한 성과를 낸 리더들이 있다. 지능이 남들보다 못해도, 확신이 부족하여 다른 사람의 말에 의지해도, 신중해서 결단을 미루어도, 무뚝뚝해서 사교적이지 않아도 뛰어난 성과를 낸 리더들이 세상에는 얼마든지 있다.

타고난 재능과 리더십은 결정적인 관계가 아니다. '뛰어난 성과를 내는 리더에게는 특별한 재능이 있다'는 말은 틀렸다. 리더는 타고난다는 그릇된 생각에서 빠져나와야 한다.

성공하는 리더십스타일은 없다

리더십은 리더의 성격이나 재능 같은 타고난 특성과 관계가 없다. 그
렇다면 스타일은 어떨까? 성공하는 리더에겐 그만의 독특한 리더십스
타일이 있을까?

카리스마 리더십스타일

리더십스타일에 대해 이야기할 때 빼놓을 수 없는 것이 카리스마형
리더십과 서번트형 리더십이다. 리더는 카리스마를 갖추어야 할까?

카리스마형 리더는 구성원들이 기꺼이 받아들이고 싶은 가치관과
신념의 롤모델(role model)이다. 그는 비전을 명확히 제시한다. 구성
원들이 몰입해야 하는 가치를 일깨운다. 가치에 대한 그의 외침은 구
성원을 개인적 이해관계보다는 공동체의 이상과 발전에 헌신하게 한

다. 쉽고 명확한 메시지는 그가 제시하는 비전에 구성원들이 망설임 없이 참여하게 만든다. 그의 신념과 신뢰는 구성원들이 해낼 수 있다는 자신감을 갖게 한다. 그는 이해(利害)를 바탕으로 거래하지 않는다. 비전을 제시하고 스스로 롤모델이 되어 구성원들의 공감과 자발적 참여를 이끌어낸다.

멋진 리더의 모습이다. 그런데 리더로 성공하려면 카리스마를 갖추어야 할까? 그렇지 않다. 카리스마는 구성원들에 대한 동기부여와 신뢰 확보에 일부 도움이 될 뿐이다. 카리스마를 뿜어내지 않으면서도 성공한 리더들이 얼마나 많은가. 카리스마형 리더가 제시하는 목표와 실행 방법이 잘못되어 큰 재앙을 낳은 역사는 또 얼마나 많은가.

서번트 리더십스타일

카리스마에 대해 이야기하다 보면 자연스럽게 서번트 리더십스타일을 떠올리게 된다.

"리더는 목자와 같습니다. 그는 무리 뒤에 머물면서 가장 민첩한 사람이 앞서 나가게 하고, 다른 사람들은 뒤에서 지시를 받고 있다는 사실을 깨닫지 못한 채 따라가게 합니다."

넬슨 만델라 전 남아프리카공화국 대통령의 말처럼 서번트 리더는 구성원들에게 영향을 미치려 하지 않는다. 구성원들을 섬기는 것이다. 구성원들의 생각을 경청하고, 필요한 부분을 돕는다. 리더의 배려를 통해 구성원들은 스스로 가치를 발견하고 노력하여 또 다른 구성원을 돕게 된다. 이러한 과정 속에서 과업이 달성되고 조직이 발전한다.

훌륭한 리더의 모습이다. 그러면 서번트 리더십스타일을 갖추면 뛰어난 리더가 될까? 아니다. 카리스마형 리더가 뛰어난 성과를 낸다고 말할 수 없듯이 서번트형 리더 역시 마찬가지다. 섬김으로 충만한 리더들 중에서 탁월한 성과를 낸 리더도 많지만 그 반대도 많다. 빠른 결단이 필요한 순간 구성원들과 의견이 다를 때 리더는 어떻게 할 것인가?

'성공하는 리더에게는 그만의 독특한 리더십스타일이 있다'는 명제는 옳지 않다. 리더십스타일과 성과는 관련이 없다.

똑게와 똑부

"똑똑하고 부지런한 리더(똑부), 똑똑하고 게으른 리더(똑게), 멍청하고 부지런한 리더(멍부), 멍청하고 게으른 리더(멍게) 중 최고의 리더는 누구이고 최악의 리더는 누구인가요?"

리더십을 얘기할 때 흔히 나오는 질문이다. 이 질문에 대한 모범답안은 '똑게가 최고의 리더, 최악의 리더는 똑부'이다. 아이러니하지 않은가?

왜 사람들은 똑게를 최고의 리더로 생각할까? 설명을 들어보면 똑똑하니 해야 할 일을 명확히 알아 방향을 제대로 제시하고, 게으르니 구성원에게 권한위임을 하고 자신은 핵심적인 일만 한다는 것이다.

그러면 왜 똑똑하고 부지런한 리더는 최악의 리더가 되었을까? 불필요한 간섭을 많이 하기 때문이다. 리더와 구성원이 해야 할 일이 각기 있는데, 구성원들의 일에 끼어들어 참견을 일삼는 것이다. 어느 누가 좋아하겠는가? 구성원들의 의욕은 저하되고 자발적으로 업무를 수행할 가능성은 낮아지게 된다.

그렇다면 똑게가 되어야 할까? 그렇지 않다. 권한위임의 중요성을 강조하는 말이지 그런 스타일로 일을 해야 한다는 것은 아니다. 리더는 부지런해야 한다. 직접 해야 할 일이 얼마나 많은가?

과업을 중시할 것인가, 인간관계를 중시할 것인가?

"과업을 중시해야 하지 않을까요? 리더십의 목적은 과업에서 성과를 내는 것 아닙니까?"

"저는 인간관계가 중요하다고 생각합니다. 결국 구성원들이 제대로 실행해줘야 성과가 나지 않습니까?"

"둘 다 중요합니다. 과업과 인간관계를 모두 중시하는 리더가 성공합니다."

리더가 구성원들과의 관계를 어떻게 관리해야 하는가를 놓고 이야기를 나누다 보면 보통 4가지 스타일로 정리된다. 구성원들과의 인간관계 개선에 중점을 두는 스타일, 과업에 중점을 두는 스타일, 둘 다 중시하는 스타일, 아무것도 하지 않는 스타일이다.

어떤 스타일의 리더가 성과를 낼까? 언뜻 생각하면 인간관계와 과업을 모두 중시하는 스타일이 좋은 성과를 낼 것으로 보인다. 하지만 그렇지 않다. 과감하게 권한을 위임하는 리더가 뛰어난 성과를 내는 경우도 많다.

세상에는 서로 다른 리더십스타일을 가진 리더들이 곳곳에 존재한다. 성과가 뛰어난 리더십스타일도 제각각이다. 성공하는 리더만의 독특한 리더십스타일은 존재하지 않는다.

리더는 성과로 말하는 사람이고, 리더십은 성과를 내기 위한 행동이다. 스타일이 아니라 성과에 집중해야 한다. 특정한 리더십스타일을 고집하지 말고 상황에 맞게 리더십을 발휘하여 성과에 도움이 되는 행동을 구사하는 것이 답이다.

과거의 성과는 과거일 뿐

사람들은 뛰어난 성과를 낸 사람을 선호한다. 결과로 보여주지 않았는가? 그래서 그를 리더로 선택한다.

그런데 기대와 달리 어처구니없는 실책을 범하는 리더가 적지 않다. "성공은 형편없는 선생이다. 똑똑한 사람들로 하여금 절대 패할 수 없다고 착각하게 만든다"는 빌 게이츠(마이크로소프트 창업자)의 말처럼 과거의 성공에 젖어 노력하지 않는 리더는 대부분 실패한다. 새로운 과업을 부여받았음에도 그에 맞는 행동을 하지 않는 게으른 리더, 과거의 방식으로만 문제를 풀려고 하는 오만한 리더는 도태된다. 성과를 내지 못하는 리더를 좋아할 사람은 없다. 반면에 성공한 경험이 별로 없는데, 실패를 거듭했는데, 큰 성공을 거둔 리더를 어렵지 않게 찾아볼 수 있다. 성공한 경험을 가진 리더가 또 다른 과업에서 성공한다는 명제는 성립하지 않는다.

성공한 경험을 통해 리더는 많은 것을 배우고 역량도 축적했을 것이다. 하지만 성공한 경험이 미래의 성과를 보장해주진 못한다.

리더십에 관한 오해와 그릇된 주장들

세상에는 수많은 조직이 있다. 기업. 공공기관, 큰 조직, 작은 조직, 조직 속 조직, 학교, 가정, 친목모임 등이 있고, 그 안에는 예외 없이 리더와 구성원들이 존재한다. 따라서 모든 사람은 태어나서 죽을 때까지 리더와 구성원으로 살아간다. 따라서 사람이면 누구나 리더십이 필요하다.

그런데 리더에 대해 우리를 혼란스럽게 하는 주장들이 있다. 리더십을 정의하기에 앞서 그 주장들을 살펴보자.

경영자는 리더가 아니다?

'리더는 옳은 일을 하고 경영자는 일을 올바르게 한다'는 말이 있다. 의사결정과 방향 제시는 리더가 하고, 실행은 경영자가 담당한다고 보는 것이다. 경영자는 리더가 제시한 비전에 맞추어 계획과 예산을 편성하고 집행하는 사람이라는 뜻이다. 그렇지 않다. 기업의 경영자들을 보라! 그들은 조직의 미션, 비전, 전략을 수립하고 하루에도 몇 번씩 수많은 의사결정을 내리는 리더다.

'경영자는 주로 통제와 문제해결을 하는 반면에 리더는 동기부여에 집중한다'는 주장도 있다. 이 또한 맞는 말이 아니다. 경영자의 주된 덕목 중 하나가 구성원들의 자발성을 이끌어내기 위한 동기부여임은 주지의 사실이고, 이를 실천하는 경영자가 많은 것 또한 사실이다.

'경영자는 역할분담과 조직화를 주로 수행하고, 리더는 구성원들을 단합시킨다'는 주장도 있는데, 이 역시 맞지 않다.

경영자와 리더를 구분하는 것은 의미도 없고 잘못된 주장이다. 다만 이 주장들을 보면서 의사결정, 방향 제시, 동기부여와 자발적 참여, 협력의 중요성을 다시 한 번 되새기는 기회로 삼으면 좋을 것이다.

최고 리더만 리더다?

조직 규모가 커지면서 리더들이 현장 리더, 중간 리더, 최고 리더로 세분화되고 있다. 그러면서 리더를 계층으로 나누어 최고 리더만 리더라는 주장이 나왔다. 현장 리더와 중간 리더는 단지 실행자일 뿐이라는 말이다. 리더의 개념을 너무 편협하게 적용한 틀린 주장이다.

모든 조직에는 저마다 과업이 있고, 과업을 이루려면 리더가 리더십을 제대로 발휘해야 한다. 수행하는 리더행동은 현장 리더나 최고 리더나 크게 다르지 않다.

최고 리더만 리더라는 주장은 틀렸다. 물론 리더행동의 강조점은 다르다. 최고 리더는 비전과 인간관계 등을 중점적으로 다루지만, 현장 리더는 전문적 업무 수행에 집중하는 편이다.

리더들은 계층에 따라 강조점이 다를 수 있어도 리더행동은 공통적이다. 최고 리더 역시 전문적인 업무를 수행하고 현장 리더도 인간관계와 비전을 다룬다.

공공과 민간의 리더십은 다르다?

"민간과 공공의 리더십은 다른 것 아닙니까? 하는 일도 다르고 추구하는 가치도 다른데 어떻게 리더행동이 공통적이라고 할 수 있어요?"

많이 받는 질문이다. 나는 민간 기업과 정부, 공공기관을 두루 경험했다. 이에 기초한 답변은 "차이가 없습니다"이다.

공공이든 민간이든 조직은 전략, 관리, 조정, 혁신을 필요로 한다. 두 조직 모두 권한부여자가 존재하고, 지위권력과 개인권력이 뒤엉켜 돌아간다. 포스트리더십의 중요성도 공통적이다. 협력도 그렇다. 내부의 협력과 외부의 협력이 모두 필요하고, 새로운 협력자를 발굴한다. 협상도 비일비재하게 이루어진다. 리더가 해야 할 방향 제시와 역할분담, 동기부여, 조직 역량 강화, 신뢰 제고, 소통도 공공이나 민간이나 마찬가지다. 조직의 특성과 환경에 따라 리더행동의 강조점과 시급성은 다를 수 있어도 본질적인 요소는 다르지 않다.

나는 공공과 민간의 리더들이 서로 보유한 강점을 배우고 적용하기를 권한다. 민간의 강점은 실행력이고, 공공의 강점은 조정 능력이다. 서로 배워서 적용하면 실행력이 강한 공공, 균형을 갖춘 민간 조직이 되지 않겠는가.

신화가 아닌 행동에 주목하라

사람들은 뛰어난 리더에 목이 마르다. 과업을 성공시키는 리더가 많지 않기 때문이다. 뛰어난 리더는 실제로 어떤 사람인가?

우리는 이미 리더의 타고난 성격이나 재능이 성과와 상관관계가 없다는 사실을 알았다. 성공하는 특정한 리더십스타일이 있다는 주장도 사실과 다름을 이해했고, 과거의 성공이 미래의 성공을 보장해주지 않는다는 것도 알게 되었다.

그렇다면 리더의 무엇을 보고 판단해야 할까? 사람들은 리더가 과업을 실행하는 과정보다 그가 창출해낸 결과에 집착한다. 과정은 직접 참여해보지 않으면 알기 어렵고, 행동은 수많은 영역에 걸쳐 있다. 어떤 일과 행동이 과업을 성공시켰는지 잘 모르는 것이다.

리더십을 대하는 태도도 그렇다. 어떤 행동을 통해 성과가 나왔는가보다는 성패에만 관심을 가진다. 행동이 결과를 낳은 것인데 말이다. 성공한 리더를 다룬 전기들을 보면 리더에 대한 환상을 부채질한다. 성공 스토리를 초인적으로 미화한 것이 대부분이다. 그의 재능과 역량 그리고 불굴의 의지에 감탄하면서 스스로에 대해 탄식도 하게 된다. 잘못된 전기의 영향에서 탈피해야 한다. 영웅적 리더의 미화된 신화에서 벗어나 과정과 행동을 봐야 한다.

성과를 내고 조직을 발전시킨 리더들은 해야 할 행동을 잘 알고 제대로 실행한 사람들이다. 우리는 그들의 결과와 신화가 아닌 행동에 주목해야 한다.

행동으로 리더십을 정의하라

뛰어난 리더는 행동 중심으로 리더십을 새롭게 정의하고 실행하는 사람이다. 리더의 성과는 오롯이 리더행동을 제대로 수행하는 데 달려 있음을 이해하는 사람이다.

행동을 중시하는 리더는 핑계를 대지 않고 구성원들과 동료들의 성과에 무임승차하지 않는다. 운에 맡기지도 않는다. 자신이 해야 할 일들을 부단히 실행한다.

확장하는 리더십

앞에서 살펴보았듯이 리더십은 리더와 구성원들만의 관계로 규정되지 않는다. 성과를 내려면 구성원들 외에도 권한부여자, 후계자, 협력자, 그리고 리더 자신에게 리더십을 발휘할 수 있어야 한다.

나는 뛰어난 역량을 갖추고도 리더십 요소들을 간과하여 실패하는 리더들을 자주 목격했다. 특히 새롭게 과업을 맡은 리더들이 구성원들에게 집중하면서 다른 요소들을 등한시하는 경향을 보인다. 안타까운 일이다.

성공하는 리더는 구성원들을 중시할 뿐만 아니라 냉철하게 자신의 과업을 정의하고 조정한다. 권력을 확보하고 유지하기 위해 땀을 흘리고, 협력자들을 자신의 편으로 만들기 위해 과업의 가치를 설득하고 거래를 준비하여 협상한다. 과업의 지속을 위해 후계자와의 관계와 역할을 설정하고, 꾸준히 리더 자신의 역량을 계발한다. 5가지 리더십 요소로 리더십을 확장하여 파악하고 그에 맞게 리더행동을 지속하는 것이다.

뛰어난 리더가 되기 위한 첫걸음

"뛰어난 리더가 되는 비법이 있는가?"
누군가 내게 질문한다면 나는 이렇게 대답할 것이다.
"네, 있습니다. 리더가 수행해야 할 행동이 무엇인지 알고, 이를 제대로 실행하면 뛰어난 리더가 될 수 있습니다. 이를 위해 우선 리더십에 대해 스스로 정의해야 합니다."
자신이 무엇을 해야 할지 알지 못하면 제대로 실행할 수 없다. 자신의 리더십을 정의하지 못하는 리더 또한 리더십을 발휘할 수 없다.

리더십에 대한 정의는 다를 수 있다. 뛰어난 리더들이 남긴 주옥 같은 명언들도 각양각색이다. 리더십에 관한 책들도 서로 다른 주장을 내놓고, 학자들도 저마다 나름의 정의를 내린다. 리더십의 정의는 그만큼 다양하다. 리더십을 말하는 사람만큼 종류가 많다고 할 수 있다. 그것들을 모두 종합해서 결론을 내리면 어떤 답이 나올까?

리더십의 핵심 키워드는 행동과 확장이다. 리더십을 협소하게 정의하거나 실행을 중심에 놓지 않는 리더십은 성과를 낼 수 없다. 확장과 실행을 중심으로 리더십을 정의해야 한다.

나는 리더십을 다음과 같이 정의한다.

리더십은
조직의 목적을 달성하기 위해,
필요한 리더십 요소들,
즉 과업, 권력, 협력자, 구성원, 리더 자신에게
영향을 주는 리더행동이다.

당신은 리더십을 어떻게 정의하고 있는가?

리더십 정의 리더행동 점검 질문

❶ 리더십이 무엇인지 스스로 정의하고 있는가?

❷ 리더십의 목표가 조직의 발전을 위해 성과를 내는 것이라고 이해하는가?

❸ 리더십이 리더십의 요소들에 영향을 미치는 행동임을 이해하는가?

❹ 리더십 요소가 확장되어야 한다는 것을 이해하는가?

❺ 자신의 성격에 따라 행동하고 있지 않은가?

❻ 타고난 재능과 성과가 큰 관계가 없다는 것을 이해하는가?

❼ 특정한 리더십스타일이 성과로 연결되지 않는다는 것을 이해하는가?

❽ 성공의 경험이 다시 성공으로 이어지지 않을 수 있다는 것을 이해하는가?

❾ 리더십은 계층, 조직의 종류와 관계없이 공통적이라는 것을 이해하는가?

20
몰입하는 환경을 만들다

천재는
보통 사람과 다를 게 없다.
다만 몰입함으로써
자신에게 숨어 있는 재능을 인지하는
보통 사람일 뿐이다.
몰입하고 또 몰입하면
어떤 문제도 풀리게 마련이고,
그런 과정을 되풀이함으로써
자신도 모르게 천재가 되는 것이다.
- 윈 웽거·앤더스 에릭슨, 미국 천재 연구자 -

어느 CEO의 고민

"요즘에는 업무에 집중하기가 너무 어렵습니다. 계속 대표직을 수행해야 할지 고민입니다."

한 중견기업의 CEO를 맡고 있는 이 대표가 찾아왔다. 그는 외국계 화장품회사에서 아시아지역 영업총괄을 맡아 큰 성과를 올리다가 나의 소개로 기업의 CEO가 되었다. 몇 년 전, 마스크팩과 화장품을 제조, 판매하는 기업의 오너(회장)가 새로운 CEO를 찾는다고 하여 그를 소개했던 것이다. 이 대표는 자신의 전문성과 해외 네트워크를 활용하여 매출을 크게 신장시켜 오너의 두터운 신임을 받았다.

"아주 좋은 기회가 찾아왔습니다. 이를 활용하면 더 크게 성장할 수 있습니다. 그런데 보수적인 회장이 반대하고 있습니다. 그냥 이대로 변화 없이 사업을 유지하자고 합니다."

이 대표는 급변하는 사업환경에서 포착한 기회를 활용하여 새로운 성장동력으로 삼고자 했다. 뛰어난 전략가이자 경영자인 그는 추진할 프로젝트를 면밀히 검토하여 타당성을 확인하고 반드시 추진해야 한다는 마음의 결정을 하고 있었다. 구성원들도 대표의 생각에 공감하여 적극 지지하고 있었다.

"실은 오래전부터 꿈꿔온 사업입니다. 드디어 실행할 기회가 왔습니다. 제가 이 회사에 온 목적도 이것이었습니다."

하지만 회장이 반대했다. 그는 가능한 한 현금유보를 늘리고 더 좋은 기회가 오기를 바라고 있었다. 대표는 이 문제를 어떻게 다루어야 할까?

나는 한국전쟁 당시 중국군의 참전을 놓고 맥아더와 트루먼 대통령의 시각차에 대한 이야기를 꺼냈다.

맥아더는 트루먼의 생각을 따라야 했을까?

1950년, 남한은 북한의 남침으로 대부분의 영토를 점령당했다. 그때 유엔군이 참전해서 빼앗긴 땅을 되찾고 북으로 북으로 전진했다. 반격에 성공하여 북한을 점령하는 듯했지만, 트루먼 미국 대통령은 중국의 참전을 걱정했다.

1950년 10월, 트루먼 대통령과 맥아더 사령관이 하와이와 괌 사이에 위치한 웨이크섬에서 만났다. 트루먼은 맥아더에게 중국의 참전 가능성을 물었고, 맥아더는 '거의 없다'고 말했다. 중국의 참전으로 전쟁이 확산되는 것을 극히 우려했던 트루먼은 크게 안심하고 만족했다.

그런데 맥아더의 장담과 달리 중국군이 한반도로 밀고 들어왔다. 인해전술로 표현되는 중국의 개입으로 전세는 다시 역전되어 상황이 악화되었다. 어떻게 할 것인가를 놓고 대통령과 사령관이 갈등을 겪기 시작했다. 트루먼은 중국과의 협상을 원했지만 맥아더는 확전을 주장했다. 치열한 논의에도 불구하고 합의는 이루어지지 않았다. 맥아더는 중국에 대한 폭격, 대만 군대의 참전, 심지어 핵무기 사용까지 염두에 두고 있었다.

1951년 4월, 트루먼은 자신의 뜻에 따르지 않고 반발하는 맥아더를 해임했다.

"미합중국 군대의 최고 통수권자이며 대통령인 나의 임무가 귀관을 대신할 사람을 뽑아야 하는 것이라는 점에 대해 대단히 유감으로 생각합니다. 지금 이 시간부터 귀관의 모든 권한을 리지웨이 중장에게 위임하기 바랍니다."

맥아더에게 최선의 선택은 무엇이었을까? 자신의 주장을 굽히지 않고 계속 펼쳐야 했을까? 아니면 뜻을 접고 트루먼의 생각대로 수긍하고 따라야 했을까?

이야기를 마치고 나서 이 대표의 생각을 들어보았다. 그리고 질문을 던졌다.

그의 성공은 예정되어 있었을 것이다

"말씀을 들어보니 이 대표는 회장을 계속 설득하겠네요. 공감합니다. 하지만 그 후를 고려해야 합니다. 만약 설득에 실패하면 회장의 생각을 받아들일 건가요?"

이 대표의 입장은 확고했다. 자신이 CEO로서 회사를 성장시켜야 하고, 이를 위해 자신의 전략대로 사업을 추진해야 한다고 믿었다. 하지만 회장의 생각을 고려하여 환경 변화와 사업전략, 구성원, 외부 협력 등을 다시 면밀하게 점검했다. 이사회 임원, 구성원들의 의견도 경청했다. 자신의 동기까지 되돌아본 그는 더욱 강한 확신을 가졌다.

'이것은 내가 꼭 해보고 싶었던 일이야. 지금 추진하지 않으면 두고두고 후회할 거야.'

그는 자신의 대표이사직을 걸고 회장을 설득하기로 결심했다. 시도해서 안 되면 그만두고 물러나 자신의 전략대로 창업할 생각이었다.

이 대표는 회장에게 보고할 2개의 안(자신의 안과 회장의 안)을 비교해서 보고서를 만들었다. 회장이 우려하는 리스크가 그리 크지 않다는 점을 객관적인 수치로 제시하고, 혹여 있을지 모르는 리스크에 대한 대응 방안도 함께 준비했다. 또한 의사결정에 영향을 미치는 사외이사의 지원을 요청하는 한편 반대하는 사람들을 중립적으로 만드는 노력도 기울였다. 그런 다음 회장을 만나 설득했다. 자신의 안으로 가는 것이 조직의 목적을 이루는 길이라는 점을 설득한 것이다.

결국 회장은 이 대표의 안을 받아들였다. 이 대표 역시 사업을 적극 추진하여 보란듯이 성공시켰다. 하지만 이런 성과에도 불구하고 끝내 경질되고 말았다.

그 후 이 대표가 말했다.

"회장이 저의 구상을 듣고 나서 그러더군요. 내용에 동의하지만 그래도 자신의 생각을 따라주고 사임은 하지 말아달라고요. 저는 그것을 받아들이지 않고 직을 걸고 강하게 설득했지요. 이미 그때 인간적인 신뢰관계가 돌이킬 수 없게 된 거지요. 하지만 후회하진 않습니다."

결심하기 전에 생각해야 할 한 가지

리더에게 가장 큰 동기는 성과라고 할 수 있다. 조직이 원하고 자신이 과업을 통해 올리고자 하는 성과가 리더를 몰입시키는 동기로 작용한다.

이 대표는 결심에 앞서 자신의 동기를 생각했다. 꼭 해보고 싶었던 일이고 성과를 내는 것도 자신 있었다. 회장을 설득해내려는 그의 행보는 당연한 것이었다. 만약 설득에 실패하면 회사를 나가 직접 창업하겠다는 생각까지 할 정도로 그의 열망은 대단했다.

어쩌면 그의 성공은 처음부터 예정되어 있을 수도 있다. 리더가 그토록 강한 동기를 가지고 있는데 사업이 실패할 리 있겠는가?

떠날 때 무엇을 얻고 싶은가?

자신의 일에 몰입하지 못하는 리더들을 보게 된다. 이유는 동기부여가 되어 있지 않기 때문이다. 자신의 동기가 무엇인지 파악하지 않는 리더들도 있다. "당신의 목표는 무엇입니까?"라는 질문에 그들은 이런저런 목표들을 이야기한다.

"과업 목표 말고 개인적인 목표 말입니다. 임기가 얼마 남지 않으셨죠? 언젠가는 회사를 떠나야 합니다. 떠날 때 무엇을 얻고 싶으십니까? 그것이 개인적인 목표입니다."

개인적인 목표가 몰입하게 한다

개인적인 목표가 동기가 되어 사람을 몰입하게 한다. 조직에서 이룰 수 있는, 리더를 몰입하게 하는 개인적인 목표는 무엇이 있을까?

성취감이 개인적 목표가 될 수 있다. 자신이 맡은 과업을 완수하는 데서 오는 성취감이 리더를 몰입하게 한다.

회사를 떠나 자신이 원하는 더 큰 기회도 목표가 될 수 있다. 그 기회를 잡으려면 현재 수행하는 과업을 성공시켜 자신을 입증할 필요가 있다. 역량을 강화하여 더 나은 리더로 성장하기 위해 과업에 몰입하게 된다.

물질적 보상도 개인적 목표가 될 수 있다. 보상의 기쁨을 생각하며 일에 열중할 수 있다. 반대로 성과에 상응하는 합리적 보상이 이루어지지 않으면 몰입은 어렵다.

개인적인 꿈 역시 목표가 될 수 있다. 물론 조직의 목적과 일치해야 한다.

자신이 원하는 것, 개인적인 목표가 있어야 몰입할 수 있다. 몰입은 성공의 필요충분 조건이다. 몰입의 요소를 스스로 만들어야 한다.

스스로 동기부여하라

'중이 제 머리 못 깎는다'는 속담이 있다. 필요한 일도 스스로 하기는 어려워서 남의 손을 빌려야만 이룰 수 있다는 뜻이다.

자신이 원하는 바를 이루지 못하는 리더가 의외로 많다. 제 머리를 못 깎는 중처럼 말이다. 예로부터 우리나라를 비롯한 동양권의 리더들은 자기 욕심을 버리고 희생하는 것을 큰 미덕으로 삼았다. 속마음을 드러내거나 스스로에 대한 동기부여를 잘 못했다. 그래서일까. 동기부여의 중요성을 잘 아는 리더들, 구성원들에 대한 동기부여를 적극적으로 수행하는 리더들조차 자신의 동기부여에는 소홀한 경우가 많다.

동기부여는 구성원들에 대한 것만이 아니다. 구성원들의 동기부여 이상으로 리더 자신에게 동기부여하는 것이 중요하다. 동기부여가 안 되는 리더는 몰입할 수 없고, 과업을 성공시킬 수 없다.

개인적 목표 달성을 위한 동기부여는 리더의 사욕이 아니라 조직의 미래를 위한 필요충분조건이다. 리더 스스로 자신이 성취하고자 하는 개인적 목표를 명확히 하고 권한부여자와 상의해서 이를 확보해야 한다. 권한부여자 또한 적극적으로 지원해야 한다.

자신의 동기를 파악하고, 이를 조직과 과업에 일치시키고, 몰입해 나갈 수 있는 환경을 만드는 리더행동을 적극적으로 실행하는 것, 바로 리더가 할 일이다.

몰입환경 리더행동 점검 질문

① 조직 목적과 과업 목표의 달성에 충분히 몰입하고 있는가?

② 리더로서 자신이 이루려고 하는 것을 스스로 알고 있는가?

③ 당신의 기대는 정당한가?

④ 떠날 때 자신이 얻고 싶어 하는 것을 이룰 수 있는가? 조직 목적
과 과업 목표가 자신의 동기와 일치하는가?

⑤ 기대되는 심리적 보상에 만족하는가?

⑥ 기대되는 물질적 보상에 만족하는가?

⑦ 불만족스럽다면 개선하기 위해 노력하고 있는가? 이를 위해 권
한부여자를 설득하고 있는가?

⑧ 권한부여자 외에 다른 사람의 도움을 충분히 받고 있는가?

⑨ 구성원들과 권한부여자는 당신의 리더행동에 공감하는가?

21
현재의 실력으로 성과를 내다

측정할 수 없으면 관리할 수 없고,
관리할 수 없으면 개선할 수 없다.
- 피터 드러커, 미국 경영학자 -

그렇다면 리더라고 할 수 없다

"직원들에게 믿고 맡길 수가 없어요. 일을 맡길 때 항상 고민됩니다. 일을 제대로 해낼 수 있을까? 문제가 생기지 않을까? 어디까지 챙겨야 할까? 차라리 내가 직접 하는 게 낫겠다는 생각이 듭니다. 이 오합지졸들을 어떻게 하면 좋을까요?"

스타트업을 경영하는 정 대표가 직원들 때문에 힘들다며 고민을 털어놓았다. 그는 뛰어난 과학자로 인공지능을 연구하고 교육용 로봇을 개발했다. 이를 기반으로 창업한 그는 곧이어 출시한 상품으로 시장의 호평을 받았다. 벤처캐피털로부터 추가 투자를 받았고, 시장 확대를 추진하고 있었다. 나는 정 대표의 학교 선배로 사업전략을 조언해주고 있었다.

정 대표가 이야기를 이어갔다.

"어쩔 수 없어요. 직원들 때문에 일정을 연기하든지 과업을 포기하든지 해야 할 것 같습니다."

그는 본격적인 상용화와 시장 확대를 위해 직원을 대폭 늘렸다. 소수의 인원으로 개발에 집중할 때와 달리 30여 명으로 늘어나고 보니 인력과 조직 관리에 어려움을 겪게 되었다. 본격적으로 리더십의 문제를 맞이한 것이다.

조직이 커지면 리더가 필연적으로 맞이하는 어려움이다. 더구나 정 대표는 창업하기 전 연구에 전념한 과학자로 조직을 운영해본 경험이 없어 느끼는 어려움이 더 클 수밖에 없었다.

문제는 구성원들이 아니다

나는 정 대표가 하는 일들, 특히 구성원들에게 하는 행동과 그에 대한 반응을 물어보았다. 그리고 큰 문제를 발견했다.

"정 대표는 리더라고 할 수 없어. 리더로서 기본적인 행동조차 하고 있지 않아. 그러면서 직원들 탓만 하고 있네. 문제는 구성원들이 아니라 정 대표야. 이 문제가 지속되면 정 대표가 그들을 포기하는 게 아니라 그들이 정 대표를 떠날 거야. 계속 그럴 거면 외부에서 전문경영인을 영입하는 게 낫겠어."

나는 강한 어조로 그의 문제를 지적했다. 그리고 그가 취해야 할 리더행동을 조목조목 설명해주었다.

리더십은 행동이다. 남을 탓하기 전에 스스로 성찰하고 자신의 문제를 찾아 개선한 후 행동해야 한다. 나는 그가 스스로 깨닫고 개선하기를 바랐다.

"모든 것이 저의 문제였네요. 그것도 모르고 구성원들 탓만 했습니다. 리더로서 할 일을 하는 건 고사하고 알지도 못했습니다. 말씀대로 대표이사를 모시는 것도 한 방법이겠지만 일단은 제가 도전해보고 싶습니다. 노력하겠습니다. 그런데 제가 해야 할 일이 무척 많네요. 잘 해낼 수 있을지 걱정입니다."

아는 만큼 보이고 본 만큼 행동한다

나는 정 대표에게 2가지를 제안했다.

첫째, 리더행동을 스스로 학습하라. 21가지 리더행동을 이해하고 그에 비추어 자신을 파악하는 것이다. 정 대표에게 구성원들에 대한 리더행동인 방향 제시, 역할분담, 동기부여, 조직 역량 강화, 신뢰 제고, 소통환경 조성에 대해 함께 문제점을 찾아 해결해보자고 말했다.

"먼저 구성원들에게 해야 할 리더행동을 수행해보는 게 좋겠어. 그런 다음 다른 리더행동에 대해 이야기하자고."

구성원들에 대한 리더행동은 리더들 대부분이 알고 있지만, 정 대표는 지식도 경험도 없어 가장 시급한 부분이었다.

둘째, 자신의 문제를 이야기하고 협조를 구하라. 리더는 구성원들에게 자신의 약점이나 실수를 알리는 데 주저하지 말아야 한다. 어려운 행동이지만 구성원들에게 진정성을 느끼게 해주고 도움도 받을 수 있다. 리더는 구성원들에게 접근하기 어려운 존재가 되어서는 안 된다.

약점을 보이면 신뢰가 떨어질까 염려하는 리더들이 있다. 절대 그렇지 않다. 오히려 숨김 없는 진솔한 행동으로 구성원들의 마음을 얻어 인간적 신뢰가 강해진다.

정 대표의 리더행동을 점검해보니 의사결정과 방향 제시에서 문제가 드러났다. 조직의 목적과 비전, 과업 목표 등에 대해 구성원들의 공감을 얻지 못하고 있었고, 마케팅 관련 업무에서는 독단적 지시를 남발했다. 전문성 없는 대표의 개입이 혼란과 불신을 초래하고 있었다. 구성원들이 도무지 업무에 몰입할 수 없는 환경이었다.

"알아갈수록 제가 잘못한 행동들이 보입니다. 직원들이 바뀌어야 한다고 생각했는데, 문제는 저한테 있었습니다. 제가 해야 할 행동들이 조금씩 이해되기 시작합니다."

평가하면 개선할 수 있다

"다른 리더행동들도 점검해보면 어떨까?"

정 대표와 나는 구성원들에 대한 리더행동에 이어 과업, 권력, 협력자, 리더 자신에 대한 리더행동을 점검해나갔다.

세상에 완벽한 사람은 없다. 리더도 마찬가지다. 완벽한 역량으로 리더십을 발휘하는 사람은 없다. 꾸준한 개선이 필요한 이유다.

리더는 항상 자신의 리더행동에서 부족한 부분을 파악하고 개선해야 한다. 이를 위해서는 정확한 평가가 선행되어야 한다. 개선의 첫걸음은 평가다. "측정할 수 없으면 개선할 수 없다"는 피터 드러커의 말 그대로다.

무엇을 평가해야 할까?

평가는 개선하기 위한 것이다. 따라서 리더가 가장 먼저 개선해야 할 실행 수준부터 평가하는 것이 좋다. 과업, 권력, 협력자, 구성원, 그리고 리더 자신에 대한 21가지 리더행동을 평가하여 문제를 파악한다.

또한 실행을 제대로 할 수 있는 역량을 갖추고 있는지를 봐야 한다. 각 리더행동에 대한 이해, 지식과 방법론, 협업 및 커뮤니케이션 능력, 문제해결 및 의사결정 역량 등 리더로서 갖추어야 할 공통적 역량을 평가하여 발전시키거나 보완해야 할 부분을 알아낸다.

- 실행 수준의 평가

리더행동을 제대로 수행하고 있는가?

- 리더행동의 이해

각 리더행동이 무엇이고 왜 필요한지 이해하고 있는가? 이를 실행할 적극적 자세를 갖추고 있는가?

- 리더행동 수행에 필요한 지식과 방법론

각각의 리더행동을 수행하는 데 필요한 정보, 이론, 방법론 등을 알고 있는가?

- 협업 및 커뮤니케이션 역량

현장에서 협업을 계획하고 함께 실행할 수 있는가?

협업은 커뮤니케이션을 통해 이루어진다. 정확하게 상대의 의사를 파악하고, 자신의 의사를 전달하고, 협상하고, 설득하여 협업이 이루어지도록 할 수 있는가?

- 문제해결 및 의사결정 역량

현장에서 발생하는 문제를 파악할 수 있는가?

발생한 문제를 이해하고, 정의하고, 해결 방안을 수립하고, 대안들을 비교하고, 적시에 의사결정할 수 있는가?

드러난 리더의 실상과 개선 요소

정 대표와 나는 본격적인 평가에 들어갔다.

먼저 정 대표가 자신에 대한 평가를 시작했다. 동시에 구성원들도 대표에 대해 평가했다. 나도 정 대표를 평가했다. 이렇게 해서 자신의 평가와 다른 사람의 평가를 비교해보면 자신의 리더십에 대해 보다 객관적으로 판단할 수 있다.

구성원들도 평가를 받게 했다. 평가를 거치면 구성원들 각자의 리더십 수준을 개선하기 위한 아이디어를 가질 수 있을 뿐 아니라 역할분담을 할 때 중요 기준으로 삼을 수 있다. 더 나아가 새로운 직책을 맡길 때 리더십에 대한 판단 기준으로 활용할 수 있다.

평가 결과, 정 대표는 현재의 상황에 비추어 중요한 리더행동들을

배점 기준			
리더행동 각 수준별 평가	충족	보통	미흡
배점	1	0.5	0

리더행동		실행 수준	역량 수준			
			이해	지식 · 방법론	협업 · 커뮤니케이션	문제해결 · 의사결정
과업	혁신가					
	조정자					
	전략가					
	관리자					
권력	지위권력 확보					
	지위권력 강화					
	개인권력					
	포스트리더십					
	권력 활용					
협력자	협력 유지					
	협력 확장					
	협상가					
구성원	방향 제시					
	역할 분담					
	동기부여					
	조직 역량					
	신뢰 제고					
	소통환경					
리더	리더십 정의					
	몰입환경					
	역량 보완					

간과하거나 잘못하고 있었다. 과업에서는 혁신가, 조정자, 전략가, 관리자 등 모든 행동에 문제가 있었다. 권력에서는 개인권력, 권력 활용, 권한부여자의 리더행동이, 협력자에서는 협력 확장과 협상가의 리더행동이, 리더 자신에서는 리더십 정의와 역량 보완 리더행동이 문제였다. 특히 역량 보완이 제일 시급했다(당신도 평가해보기 바란다).

리더행동별 실행 수준과 역량 수준을 평가하고 나면 결과에 비추어 자신에게 부족한 부분을 찾아본다.

리더행동별 강약점

리더행동별로 자세와 역량의 강약점을 판단할 수 있다. 4점 이상이면 강점을 갖춘 우수한 수준이고, 3점 이상 4점 미만이면 실행은 가능하지만 다소 미흡한 수준이다. 3점 미만이면 약점으로 지적받을 수 있는 수준이다. 개선을 위한 노력과 더불어 내부 역할분담이나 외부 전문가의 도움을 요청할 필요가 있다.

각각의 항목에서 배점을 1점이 아닌 0점이나 0.5점으로 평가한 부분은 지속적으로 개선해나갈 필요가 있다.

평가 요소별 강약점

전체 평가 요소, 즉 실행 수준과 역량 수준 각각의 점수를 합산하여 점검해보는 것이다.

80% 이상, 즉 17점 이상이면 평가 요소에 강점을 갖추었다고 할 수 있다. 60% 이상, 즉 13점 이상 17점 미만이면 일정 수준 이상의 실행,

자세, 역량을 갖추었지만 다소 미흡한 것이다. 13점 미만이면 스스로 문제점을 인식하고 개선하려는 노력을 적극 수행해야 한다.

종합 평가

전체 점수를 합산한 결과가 105점 만점의 80%인 84점 이상이면 실행과 역량 면에서 뛰어난 수준이라고 판단해도 좋다. 60% 이상인 63점 이상과 84점 미만 사이에 있다면 개선이 필요하지만 실행하는 데 큰 무리가 없는 수준이다. 만약 63점 미만이라면 전반적인 수준이 낮으므로 당장 보완해야 한다.

역량이 부족해도 성과는 낼 수 있다

"부족한 게 엄청 많네요. 다 갖추려면 늙을 때까지 공부해야 할 것 같아요."

"아니야. 리더는 뭔가 부족해도 당장 성과를 내야 해."

"그렇지만 역량이 부족한데요?"

역량을 개선하고 강화하는 데는 시간이 걸린다. 이럴 땐 도움을 받아 부족한 역량을 보완하고 실행에 문제가 없도록 해야 한다.

"역량이 부족하면 도움을 받아 해결해야지. 먼저 파악한 구성원들의 역량을 살펴보고 실행할 만한 구성원들에게 역할분담을 하는 거야. 내부에 없으면 외부에서 영입하거나 전문가의 도움을 받으면 돼."

주위를 살펴보면 분명 뛰어난 역량을 지닌 누군가가 있게 마련이다. 그는 권한부여자나 협력자 또는 구성원일 수도 있고, 외부 전문가일 수도 있다. 그들의 도움으로 부족한 역량을 보완하여 실행을 성공시켜야 한다.

정 대표는 리더행동을 개선하려는 노력을 실천적으로 보여주었다. 구성원들과 함께 의사결정을 논의하고, 그 과정에서 목표와 평가·보상 방안을 마련했다. 역량 보완에도 나섰다. 외부에서 전문성을 갖춘 인재를 마케팅본부장으로 영입하고, 소통 강화를 위해 담당자를 따로 두었다. 또한 인사 전문 컨설팅회사의 도움을 받아 구성원들을 평가하고 역할을 조정했다. 뒤이어 조직개편도 단행했다.

1년여 후, 정 대표의 회사는 몰라보게 달라졌다. 구성원들의 사기가 크게 향상되었고, 미흡했던 마케팅활동도 성공적으로 추진되었다.

리더에게 가장 좋은 스승

정 대표는 부족한 역량을 보완하는 성실한 노력으로 나날이 발전했다. 역량 개선에 도움이 될 사람을 스승으로 삼아 배우고 실행하기에 힘썼다.

그가 가장 중시한 스승은 현장이었다. 과업이 이루어지는 현장에서 구성원들과 함께 실행하는 가운데 역량을 키워갔다. 현장은 모든 리더에게 가장 좋은 배움터다.

역량보완 리더행동 점검 질문

① 현재의 역량으로 과업의 목표를 달성할 수 있는가?

② 21가지 리더행동을 이해하고 있는가?

③ 현재 중요하고 시급한 리더행동이 무엇인지 아는가?

④ 현재 미흡한 리더행동이 무엇인지 알고 있는가?

⑤ 역량문제로 실행이 힘든 리더행동이 무엇인지 알고 있는가?

⑥ 부족한 역량을 솔직히 말하고 도움을 받고 있는가?

⑦ 이를 위해 자신의 역할 조정, 전문가 확보 등을 추진하고 있는가?

⑧ 자신의 실행 수준과 역량 수준을 주기적으로 평가하고 있는가?

⑨ 다른 사람으로부터 평가를 받고 있는가?

⑩ 구성원들의 실행 수준과 역량 수준을 알고 있는가?

⑪ 구성원들은 자신의 실행 수준과 역량 수준을 평가하는가?

리더다운 리더의 리더행동 계획

리더십캔버스를 활용하여 리더 자신을 파악하고 리더행동을 계획해보자.

파악

리더에 대한 리더십캔버스의 구성 요소는 리더의 동기, 역량, 신뢰, 그리고 리더에 대한 리더행동이다.

협력자	구성원	과업	리더	권력
협력자 동기	구성원 동기	조직 목적	리더 동기	권한부여자 동기
협력자 역량	구성원 역량	과업 목표	리더 역량	권한부여자 역량
협력자 신뢰		핵심 실행과제		권한부여자 신뢰
협력자 바게닝 파워	구성원 신뢰	핵심 자원	리더 신뢰	리더 권력과 후계자
리더행동				
협력자 리더행동	구성원 리더행동	과업 리더행동	리더 리더행동	권력 리더행동

리더의 동기에서는 과업 수행에 대한 자신의 열정·몰입 수준과 동기부여 수준을 파악한다. 리더의 현재 및 중장기 개인적 목표도 정리한다.

리더의 역량은 리더가 수행해야 하는 리더행동에 대한 이해, 이론과 방법론에 대한 지식, 실행력, 협업 및 커뮤니케이션 역량, 문제해결 및 의사결정 역량 수준을 파악하는 것이다.

리더의 신뢰에서는 구성원과 권한부여자에 대한 리더 자신의 신뢰 수준을 점검한다.

이들 구성 요소 외에 리더의 권력과 후계자에서는 지위권력과 개인 권력의 수준, 권한위임, 지위권력의 기간과 후계자에 대해 파악한다. 또한 조직 목적, 과업 목표, 권한부여자의 동기와 역량을 함께 검토한다. 이들 간의 일치와 보완이 성과에 중요하기 때문이다. 구성원들의 역량도 파악한다.

현재 수행하고 있는 리더 관련 리더행동을 파악한다. 이 외에 다른 리더행동도 파악해야 한다. 예를 들면 리더 자신의 역량을 고려한 과업 및 역할분담의 조정 등이다.

문제점 도출

파악이 끝났다면 리더행동을 계획하기에 앞서 다음의 체크리스트를 활용하여 문제점을 도출한다.

- 나는 리더십을 행동으로 명확히 정의하고 있는가?

- 나는 몰입하고 있는가?

  현재 내가 수행하고 있는 과업의 목표가 근원적인 나의 목적과 일치하는가? 성공했을 때 얻을 수 있는 심리적·물질적 보상 수준은 만족스러운가?

- 나의 역량은 성과를 내기에 충분한가?

  특히 집중해야 할 리더행동을 제대로 수행할 수 있는가?

- 부족한 역량을 보완하여 성과를 내고 있는가?

리더행동 계획

위의 문제점에 대응하는 리더행동을 계획한다.

- 리더십 정의 리더행동

스스로 자신의 리더십을 확장과 실행 중심으로 정의하는 행동

- 몰입환경 리더행동

리더의 몰입을 뒷받침하는 심리적·물질적 동기를 권한부여자와의 협력을 통해 확보하는 행동

- 역량 보완 리더행동

리더행동 수행에 필요한 역량을 파악하고, 현장에서 보완하여 성과를 내고, 이 과정에서 역량을 개선하는 행동

신임 리더에게 드리는 7가지 조언

새로운 과업을 만난 신임 리더의 마음에는 기쁨과 설렘, 불안감이 교차한다. 머릿속은 리더의 역할을 성공적으로 수행하기 위한 구상으로 가득 차게 된다.

나는 다양한 조직을 경험했다. 거의 1~2년에 한 번꼴로 조직을 옮겨 다녔다. 새로운 과업과 구성원 그리고 환경을 거의 매년 만난 셈이다. 여러 이질적인 조직을 동시에 총괄한 경우도 있었다. 어찌 보면 신임 리더로 회사생활을 해왔다고 해도 과언이 아니다. 그리고 많은 경우 소기의 목표를 달성했다.

다양하면서도 유익했던 조직 경험을 가진 사람으로서 신임 리더들에게 몇 가지 조언을 드리고자 한다.

신임 리더에게는 모든 것이 낯설고 혼란스럽다. 하지만 구성원들과 권한부여자가 참고 기다려준다. 실수를 해도 이해하고 격려한다. 이름하여 '허니문' 기간이라는 것이다.

허니문 기간이 존재한다는 것은 뒤집어 말하면 신임 리더의 앞길이 험난하다는 뜻이다. 실제로 많은 경우 실패한다. 외부에서 영입한 임원의 경우 50%가 실패한다는 통계도 있다. 기업으로선 엄청난 손실이다. 이에 따라 신임 리더의 실패 비용을 낮추는 것이 조직의 중요 과제가 되었다.

허니문은 대략 3개월 정도다. 이 기간에 권한부여자와 구성원들은 신임 리더를 관대하게 대하는 동시에 집중적으로 관찰한다. 그들의 판단을 바탕으로 평판이 만들어진다. 3개월은 판단하기에 부족하지 않은 시간이다. 이때의 판단과 평판이 계속 이어질 가능성이 높다.

짧은(?) 허니문이 끝나면 구성원들과 권한부여자가 리더에게 성과를 요구하기 시작한다. 리더의 앞날을 좌우하는 운명의 시간인 셈이다.

허니문을 허투루 즐겨서는 안 된다. 이 기간을 어떻게 보내는가에 따라 미래가 결정된다. 3개월 동안 전력투구해야 한다. 그렇지 않으면 실패의 대열에 들어설 확률이 높다.

리더는 행동에 착수하기 전에 파악부터 해야 한다. 이를 위해 구성원, 권한부여자, 동료를 만나 3가지 질문을 던져야 한다.

"아직 파악하지 못했습니다. 일단은 기존의 의사결정대로 진행할 생각입니다. 그래도 시급한 결정을 미룰 생각은 없습니다. 앞으로 3개월 동안 제가 결정해야 할 시급한 사항을 알려주십시오."

"제가 현재까지 파악한 과제들은 이런 것들이 있습니다. 계속 진행해야 할 것. 바꿔야 할 것, 없애야 할 것, 그리고 제가 파악하지 못해 놓치고 있는 것은 무엇입니까?"

"만나자마자 이런 이야기를 해서 어떨지 모르겠습니다만, 제가 떠날 때 무엇을 이루고 떠나길 바라십니까?"

세 번째 질문은 리더 스스로에게 던지는 질문이기도 하다. 늘 '내가 떠날 때 무엇을 성취할 것인가?'를 생각해야 한다. 이것이 재임 기간에 이루고자 하는 핵심 목표가 될 것이다.

제대로 된 답변을 얻기가 힘들 수도 있을 것이다. 그래도 상대에 맞는 질문을 준비하여 필요한 답변을 이끌어낼 줄 알아야 한다.

전임 리더를 만나라

"당신이 추진해온 일들 중에서 제가 계속 이어나가길 바라는 것은 무엇입니까?", "없애거나 중단하길 바라는 것은 무엇입니까?", "왜 그렇습니까?"

전임 리더를 만나서 많은 질문을 하라. 그의 의견이 시행착오를 줄여줄 것이다. 전임 리더는 가장 좋은 스승이다.

혼자 결정하지 마라

의사결정은 구성원들과 함께 내리는 것이 좋다. 자신이 잘 알고 있는 사항이라도 충분히 토론하고 결정한다.

책임을 미루라는 말이 아니다. 책임은 리더가 져야 한다. 구성원들과 토론하고 결정하게 되면 소통과 합의의 마법이 시작된다. 스위치가 켜지면서 성취하려는 구성원들의 의지가 현실이 된다.

토론과 결정은 구성원들 모두와 함께 해야 한다. 그렇지 않으면 파벌이 생긴다. 일부만 모여 이야기를 나누면 오해와 의심이 생기고 구성원들이 나뉘게 된다.

가급적 모든 것을 공유하는 것이 좋다. 권한부여자의 생각, 동료의 요구, 전임 리더의 조언 등은 구성원들은 모른 채 리더인 당신만 알고 있을 수 있다. 이들 모두를 테이블 위에 올려놓고 공유하고 토론해서 결정해야 한다.

사람을 데리고 다니지 마라

비서를 대동하듯 사람을 데리고 다니는 리더가 있다. 리더는 편할지 모르지만, 구성원들의 마음은 불편하다. 옥상옥이 생긴다. 마음을 열지 않게 된다.

나는 리더들에게 사람을 데리고 다니지 말라고 조언한다. 어쩔 수 없이 같이 다녀야 하는 경우에는 그의 의견을 듣지 않는 것이 좋다. 당분간 의사결정 과정에서도 배제하는 편이 낫다. 그래야 구성원들의 마음을 얻을 수 있다.

많은 목표와 과제를 계획하지 마라

신임 리더가 조직의 업무를 파악하고 시급한 사안을 처리하고 나면 목표와 과제를 계획해야 하는데, 핵심적인 한두 가지만 정해서 집중하는 것이 좋다(목표는 나중에 추가할 수도 있다). 그리고 목표에 맞추어 파악한 문제점을 중심으로 시급하고 중요한 리더행동을 선택하고 집중한다.

목표와 과제의 계획 역시 합의하는 과정을 거쳐야 한다. 구성원들과 함께 하고, 사안에 따라 권한부여자나 협력자와 합의해야 한다. 특히 목표는 권한부여자와 구체적으로 합의한다.

일주일에 한 번쯤은 멀리 떨어져 생각하라

리더는 항상 바쁘다. 신임 리더가 과업 수행을 본격화하여 해야 할 일들에 빠지다 보면 초심을 잃고 특정한 리더행동에 매몰되기 쉽다. 그러므로 적어도 일주일에 한 번쯤은 전체를 돌아보는 시간을 가질 필요가 있다. 이 책에 나오는 리더십캔버스나 수준 평가를 활용하는 것도 좋을 것이다.

자신이 구성원이었을 때를 떠올려라. 리더가 되면 꼭 바꾸고 싶었던 것들, 하고 싶었던 일들이 있을 것이다. 리더가 된 현재와 찬찬히 비교해보라. 구성원일 때와 달라진 생각들이 보일 것이다. 리더가 되어가는 것이다. 현재에도 같은 생각이 있다면 그것은 당신 자신의 핵심 과제일 것이다.

리더가 되는 것은 어렵다. 더 어려운 것은 리더로서 성공하는 것이다. 스스로 만족하기란 더욱 어렵다. 나아가 후회하지 않기는 거의 불가능하다. 하지만 성공은 늘리고 실패는 줄일 수 있다. 모든 것은 노력에 달려 있다.

미래의 리더에게 드리는 5가지 조언

"사회 선배로서 리더십에서 가장 중요한 것 딱 하나를 이야기해주시면 감사하겠습니다."

대학생들과 신입사원들로부터 많이 받는 요청인데, 답하기가 매우 어렵다. 중요한 것이 얼마나 많은데 하나만 골라 이야기해달라니 말이다. 그래도 그들에게 말한다.

앞으로 사회에 나가 뛰어난 리더십을 발휘하고 싶은 젊은이들, 막 회사생활을 시작한 이들에게 기회 있을 때마다 이야기하는 것이 있다. 바로 '리더십을 키우는 5가지'다.

모든 곳이 리더십의 현장이다

우리는 학교에서 팀플레이, 팀프로젝트, 동아리활동, 단체여행, 취미활동 등을 하면서 리더십을 배운다. 가정에서도 그렇다. 구성원으로 리더로 리더십이 발휘되는 과정과 결과를 경험한다.

사람들이 모여 사는 모든 곳이 리더십의 현장이다. 그곳에는 공통적으로 과업, 권력, 동료, 구성원, 리더가 존재한다. 자신이 속해 있는 현장에서 리더행동을 계획하여 역량을 키우기 바란다.

기회가 있으면 리더로 나서라

리더십을 키우는 가장 좋은 방법은 직접 경험하는 것이다. 어떤 일이든 기회가 있으면 망설이지 말고 리더로 나서라. 목표를 설정하고, 권한을 활용하고, 필요한 협력을 구하라. 멤버들과 토론하고 설득하라. 그 과정에서 스스로의 리더십에 대해 생각해보라. 리더의 습관이 형성될 것이다. 리더십이 한걸음 진화할 것이다.

불공정한 세상을 이기는 길은 실력이다

세상은 평등하지도 공정하지도 않다. 이를 뛰어넘을 수 있는 확실한 무기는 실력이다. 압도적인 실력을 갖추면 앞에 있던 불평등도 불공정도 사라진다. 스스로 없앨 수도 있다.

실력을 키우는 방법은 노력 외에 별로 없다. 실력을 키우기에 가장 좋은 곳은 현장이다. 현장에서 문제를 발견하고 자기주도적으로 해결해가는 과정에서 실력이 길러진다. 해결하기 어려운 문제는 솔직히 털어놓고 친구나 동료의 도움을 구한다. 고수를 찾아 조언을 들을 수도 있다. 이 과정에서 부족한 것을 채우고 수준을 올릴 수 있다. 이렇게 쌓은 실력 앞에선 세상이 공평하다.

세상의 리더들은 누군가를 판단할 때 스펙을 참고한다. 스펙을 쌓는 과정에서 어떤 일을 성공시킬 만한 실력을 갖추었는지를 보려는 것이지 그 하나로 판단하려는 것은 아니다. 스펙 때문에 안 될 거라고 걱정하지 마라. 실력 있는 사람은 쉽게 눈에 띄고, 기업이든 공공기관이든 손을 내밀게 되어 있다. 경영에서 가장 중요한 일이기 때문이다.

자존감을 키워라

사람은 존재 자체로 존중받을 권리가 있다. 가장 중요한 것은 스스로 존중하는 것이다. 자존감을 가져야 한다.

자존감은 자신의 가능성을 의심할 때 무너지기 시작한다. 부족한 점은 누구에게나 있다. 하지만 그것을 해결할 수 없다고 생각할 때 자존감이 무너진다. 부족한 부분은 채우면 된다. 그것이 나의 자존감을 해치지 않게 해야 한다.

리더십은 타고나는 것이 아니다. 기회가 있을 때 리더로 나서서 문제를 해결하고 과업을 달성하면 역량이 쌓이고 리더십이 길러지고 자존감이 키워진다.

기쁨이 올라오는 일을 택하여 즐겁게 하라

중요한 선택을 앞두고 헷갈릴 때 내가 마지막으로 하는 일이 하나 있다. 바닥에 누워 선택지들을 하나씩 떠올리면서 기쁨이 올라오는지 살핀다. 그리고 그것을 선택한다. 인생을 허비하기 싫고 잘하기 위해서다.

나의 마지막 선택 기준은 즐거움이다. 즐거우면 몰입할 수 있고, 몰입하면 성공할 수 있기 때문이다. 몰입의 힘을 알기 때문이다. 설사 실패하더라도 후회가 덜하다.

젊은 당신에게 기회는 많다. 실력이 있다면 더 많은 기회를 만날 수 있을 것이다. 망설이지 말고 나서라. 최대한 즐거움을 주는 일을 선택하여 에너지를 집중하라. 그토록 바라던 성공이 활짝 문을 열어줄 것이다.

오늘의 리더에게 드리는 단 하나의 조언

리더의 머릿속은 항상 처리해야 할 수많은 일이 맴돈다. 책상 앞에는 리더를 만나려는 사람들이 늘 대기하고 있다.

리더에게 바쁜 날만 있는 것은 아니다. 간만에 여유를 찾으면 리더십에 관한 책도 읽고 스스로를 돌이켜본다. 그러다 보면 현재보다 더 나은 리더십을 발휘하고 싶은 열망이 마음 한구석에서 꿈틀거린다.

'맙소사, 내가 지금 무슨 짓을 하고 있는 거야?'

갑자기 리더십에 대한 생각들이 요동치기 시작하면서 자신이 놓친 행동, 잊은 행동, 미루어놓은 행동이 머릿속을 가득 메운다.

벌떡 일어나 PC를 켜고 떠오른 리더행동들을 하나하나 적기 시작한다. 구체적인 시간 계획도 세운다.

'꽤 많군! 하지만 해야지! 이번엔 꼭 잊지 않고 제대로 실행해야지!'

결심을 단단히 하고 행동 목록을 프린트해서 제일 잘 보이는 곳에 붙인다.

리더인 당신에게 단 하나의 조언을 할 수 있다면 이렇게 하라고 말하고 싶다. 여유로운 시간은 리더십을 끌어올릴 수 있는 아주 좋은 기회다. 그 시간을 어떻게 활용하느냐가 리더의 앞길을 좌우할 수 있다.

떠올린 행동들이 당장의 성과를 내는 데 기여할 수도 있고 아닐 수도 있다. 하지만 더 중요한 것은 리더십을 스스로 개선하겠다는 마음가짐과 행동이다.

하고 싶은 것이 많아도 그중 해낼 수 있는 것만 하라. 그리고 계속 찾아나가라. 그 속에서 리더십의 힘을 느끼게 될 것이고, 스스로를 발전시키는 습관을 갖게 될 것이다.

스스로를 개선한다는 생각을 행동으로 옮기는 리더가 리더십을 완성한다. 행동을 확정하고 당장 이니시(initiate)하라.